台湾夜市を
食べつくす！

山田やすよ

PROLOGUE

はじめに

第二次世界大戦終結後、中国共産党から逃れた蒋介石率いる国民党と行動を共にした宮廷や高級料亭の料理人が台湾に移住して以来、台湾は四川、北京、上海、広東と中国四大料理はもちろん、山東料理、湖南料理など、本場中国よりもおいしいものを楽しめるとされるようになりました。……が、ちっちっち、甘〜いっ！

そんな料理じゃ、台湾が食都たる所以はわかりません。台湾グルメの特筆すべきところ、それは食堂や屋台でにぎわう夜市。

生煎包などのスナック系はもちろんのこと、薬膳スープや小籠包など日本じゃ高級料理だって屋台でいただけます。場所によっては鍋やステーキの店まで並んで、日本の屋台なんて人間にたとえれば赤ちゃんのようなものなのです。しかも価格はリーズナブル。夜市グルメは小吃と呼ばれるように量は少なめ。だからこそ、一夜にいくつものグルメが楽しめちゃう。これぞ、“食都”と言わずに何とすべき!?

本書ではそんな夜市グルメを一挙に集めてみました。また、首都台北の６大夜市だけでなく、北・中部（基隆、淡水、台中）、南部（台南、高雄、墾丁）、東部（台東、花蓮）と分けて、台湾を代表する８都市の夜市もあわせてご紹介いたします。同じように見える夜市でも、土地土地で店のジャンル、味付けが微妙に違います。都会と地方の夜市の違いを楽しんでいただければうれしいです。そうそう、夜市なので屋台も多く、もしかしたらあなたが台湾を訪れるときには地図上の店が変わっているかもしれません。でもそんなゆる〜いところが夜市の楽しさ。さぁ、気になる味を見つけたら次の休みは台湾へ、夜市めぐりの旅へ！　高級グルメツアーよりも、大いに贅沢な旅だと思いませんか？

日本
華人民共和国
台湾
フィリピン
淡水
基隆
台北
台中
花蓮
台南
台東
高雄
墾丁

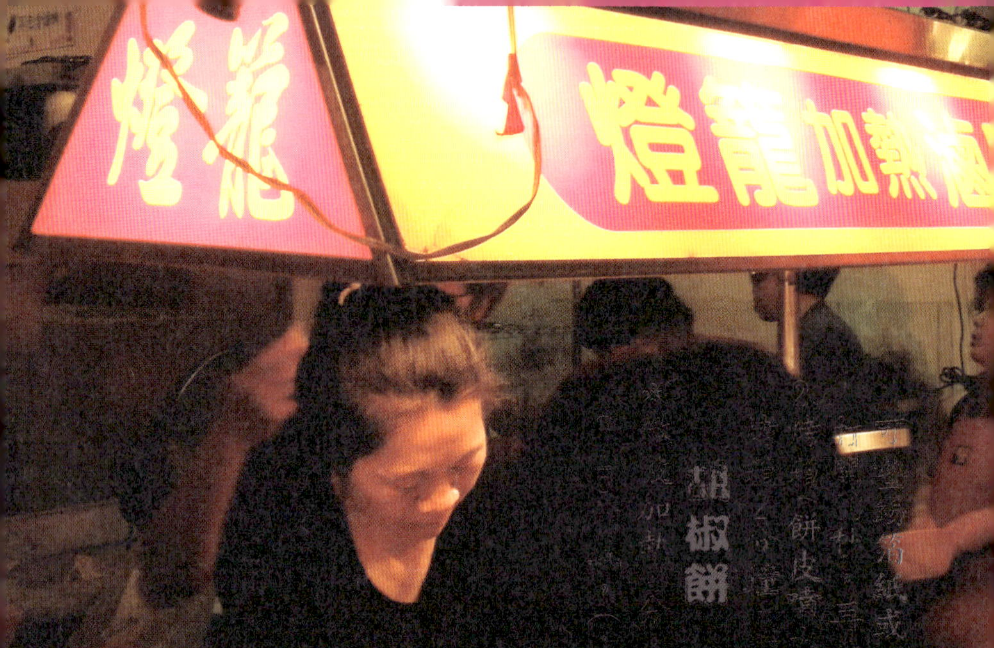

CONTENTS

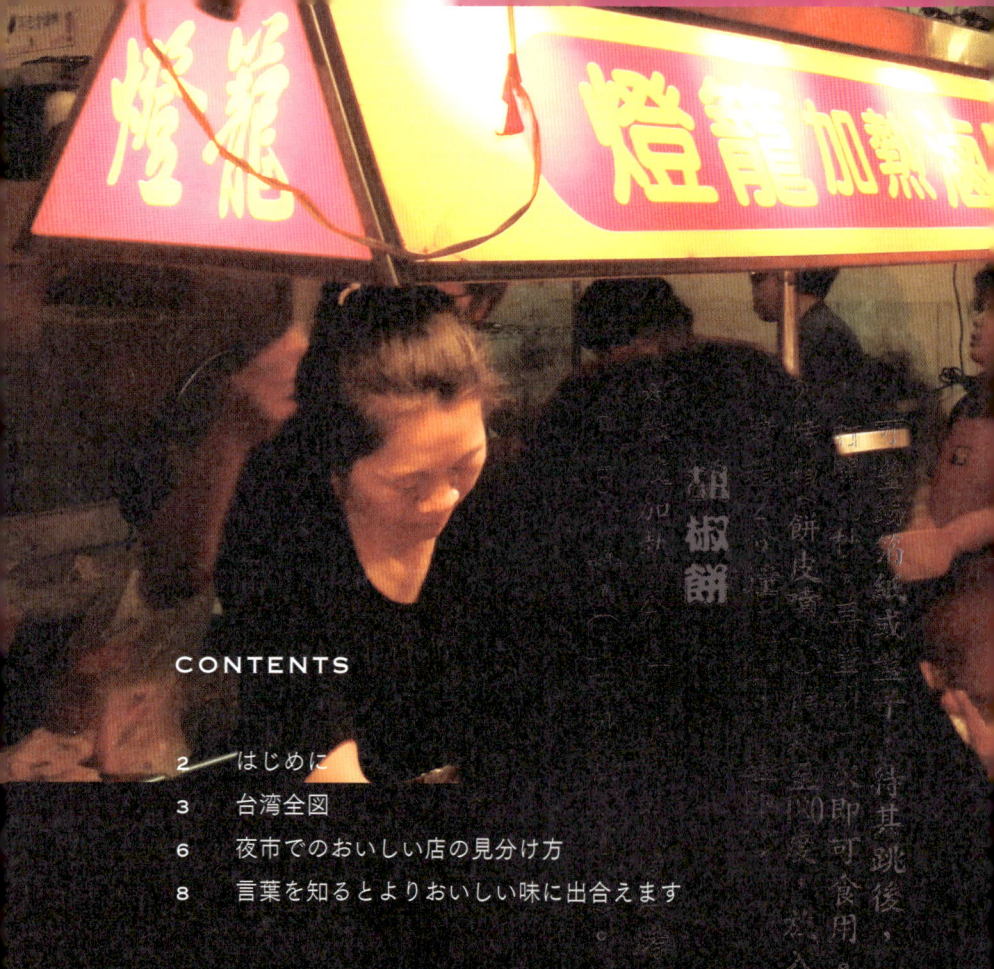

本書に掲載されている情報は、2010年4月（取材時）のものです。お店の場所、内容は変更される可能性があるのでご注意ください。
費用の目安ですが、日本円で500円あれば充分1食の量が楽しめます。（2010年10月現在のレート：1元＝2.69円）

DELICIOUS WAY TO DISTINGUISH SHOP

夜市でのおいしい店の見分け方

「台湾に行くから、おいしいお店を教えて」。よく聞かれるのですが、いつも思うのです。まずは自分の直感を信じて店選びをしてほしいなぁ、と。自分の直感を信じて当たったらよりおいしいし、何より「ガイドブックも知らないおいしい店で食べた！」と優越感に浸れます。まぁ、そうはいってもおいしい店の見つけ方があれば、それに越したことはありません。私が店選びで注意しているのは、この４つ。

１．調理台が清潔

２．外で作っている

３．作りおきを使わない

４．行列のメンバーは老若男女

　夜市では屋台でも食堂でも、オープンキッチンが基本です。調理台が清潔に保たれているところは、手際もいいし味も◎。２の「外で作っている」というのは、たとえば葱餅など、お客の目の前で作っているものはごまかしがききません。３の「作りおきを使わない」は、揚げ物などは客寄せのために店先に作りおきを山のように並べていますが、店によってはそのまま飾っているものを渡すところがあります。飾りとは別のものを出して、新たに調理してくれる店のほうがおいしいのはいうまでもありません。行列ができている店は日本と同じく人気の味なので失敗はないでしょう。その中でも、男性だけ、若者だけという並び方でなく、老若男女が並んでいる店のほうがよりおいしいと思います。あとは自分の直感を信じるだけ。ガイドブックには載らないあなただけの庶民派三つ星店を見つけてください。

言葉を知ると
よりおいしい味に出合えます

台湾は、九州ほどの大きさに約2300万人が暮らす小さな島国です。でも使用している言葉は、日本で中国語と呼ぶ公用語の北京語、住民の多くを占める閩南《みんなん》人が使う台湾語（閩南《みんなん》語）、客家《はっか》人が口にする客家《はっか》語、さらに原住民の言葉があります。ここでは食事の際に知っていると便利な北京語をご紹介します。中国と違って漢字が略されていないので、日本人は漢字を見ればなんとなく意味がわかるはず。「この漢字はこういう調理法」など、覚えておくと便利です。（読みがなの上の記号は、声調です）

【会話】

⦿（葱餅）が食べたいです。
- ☞ **我想吃（葱餅）。**
- ヴォ シアン ツィ（ツォン ピン）

（メニューを指して）
⦿これが食べたいです。
- ☞ **我想吃這個。**
- ヴォ シアン ツィ チェ ガ

⦿メニューを見せてください。
- ☞ **請給我菜單。**
- チン ゲイ ヴォ ツァイ タン

⦿おすすめは何ですか？
- ☞ **你們的招牌菜是什麼？**
- ニイ ミン ダ ザオ パイ ツァイ シィ シェンマ？

⦿（牡蠣）は苦手です。
- ☞ **我不喜歓（蚵仔）。**
- ヴォ ブー ジー ファン（ウア）

⦿おいしい！
- ☞ **好吃！**（食べ物の場合）
- バオ チィ！
- ☞ **好喝！**（飲み物の場合）
- バオ ファ！

⦿あまり辛くしないでください
- ☞ **不要太辣。**
- ブー ヤオ タイ ラー

⦿ちょっと辛くしてください。
- ☞ **我要辣一點。**
- ヴォ ヤオラー イーディエン

⦿あまり甘くしないでください。
- ☞ **不要太甜。**
- ブー ヤオ タイ ティエン

⦿おなかいっぱいです。
- ☞ **我飽了。**
- ヴォ パオ ラ

⊙いくらですか？
☞ **多少銭？**
👄 トゥ シャオ チェン？

⊙お会計
☞ **買單**
👄 マイ ダン

【味】
⊙辛い
☞ **辣**
👄 ラー

⊙甘い
☞ **甜**
👄 ティエン

⊙しょっぱい
☞ **鹹**
👄 シエン

⊙酸っぱい
☞ **酸**
👄 スワン

⊙香りがよい
☞ **香**
👄 シャン

【調理法】
⊙濃いめのタレで素材を煮込む
☞ **滷**
👄 ルー

⊙直火で素材を焼く
☞ **烤**
👄 カオ

⊙大きな平たい鉄板のような鍋で油をひいて煎る
☞ **煎**
👄 チェン

⊙油を使って混ぜながら炒める
☞ **炒**
👄 ツァオ

⊙短時間で高温でサッと炒める
☞ **爆**
👄 バオ

⊙揚げ物
☞ **炸**
👄 ザー

⊙スープ
☞ **湯**
👄 タン

⊙とろみのついたスープ
☞ **羹**
👄 グン

⊙一度を火を通してから手を加える。焼くではなく熱いを意味する。
☞ **焼**
👄 サオ

⊙あんかけ料理
☞ **燴**
👄 ホェイ

⊙土鍋などで煮込んだ料理
☞ **燉**
👄 トゥン

仔麵線
~(傳統美食)~油 飯
百年老店
東發號
油飯

1 章

台北的夜市

観光客が立ち寄りやすい夜市や、
ほかではあまり目にしない
品揃えの夜市、若者の利用が多い
大学近くの夜市などなど、
食都の中の食都、台北を代表する
夜市を６つご紹介します

台北全景

士林観光夜市
華西街観光夜市
饒河街観光夜市
臨江街観光夜市
公館夜市
師大夜市

士林観光夜市
剣潭駅
MRT淡水線
淡水河
中山高速道路
台北松山空港
饒河街観光夜市
松山駅
台湾鉄道
MRT 板南線
華西街観光夜市
龍山寺駅
MRT 小南線
古亭駅
師大夜市
臨江街観光夜市
六張犁駅
公館駅
公館夜市
MRT中和線
MRT新店線
MRT木柵線
光夜市

MAP

Shilin Yeshi

士林観光夜市

アクセス ＊ MRT 淡水線劍潭駅目の前

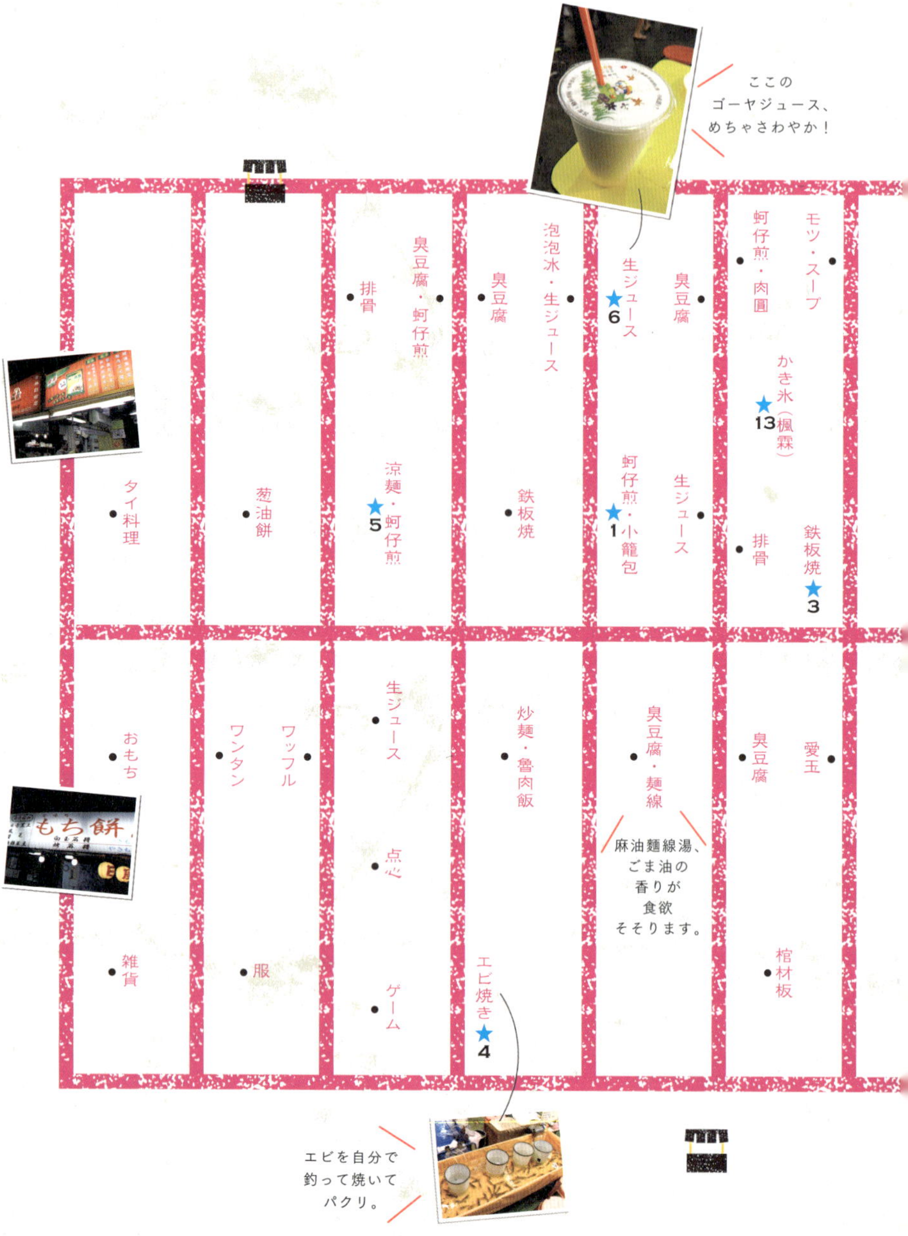

台北で最大規模の夜市。飲食系屋台が集まった屋根付スペースと、ファッション雑貨などの店舗が並ぶスペースの２箇所があります。ここでは屋根付きスペースを紹介しています。

試す価値あり、夜市の小籠包 7 個 50 元★1

炒めビーフンは意外とさっぱり★2

体が温まる生炒花枝焿（イカ入りとろみスープ）★2

本来朝食にいただく涼麺が夜でも OK★5

日式（日本スタイル）として大人気！ 鉄板焼き★3

白ゴーヤジュースは意外とさわやか！★6

究極のセルフサービス、釣って焼くエビ焼き★4

NO.1
SHILIN

夜市を体験したいなら、
とりあえず士林夜市へ！

台湾体験者のうち、台北101は昇ってないけれど、「夜市に行った！」という人、けっこういるのでは？　そんな観光客に人気の夜市の中でも圧倒的に体験率の高いところが士林観光夜市。MRT剣潭駅の目の前という便利な立地条件はもちろん、屋根がついているので雨の日もぶらぶらできる。そしてなんといってもおすすめなのは、夜市の魅力がコンパクトに詰まっている点。

台湾を訪れたら試してほしい 臭豆腐や 蚵仔煎、かき氷など、夜市グルメがわんさか並ぶ中、人とぶつかりながら食べたいものを探す楽しさ。これぞ、夜市の醍醐味。駅側の入り口付近に店舗を構える巨大な炸雞（フライドチキン）屋さん「豪大大雞排」（★7）はいっつも人・人・人で、台湾人の行列好きまで目の当たりにできちゃう。台湾グルメの代表、小籠包だって食べられます。そりゃ専門店の味には負けるけど、半オープンな店で食べる楽しさったら、「鼎泰〇」では味わえない！　駅側の入り口から左奥の方へ進めば、金魚すくいのような水を張った浅い箱にエビが泳いでたり。ここはお客が釣って串に刺して火であぶるセルフエビ焼き屋（★4）。うーん、この食べることに対するどん欲さ。日本人には真似できません。

近すぎる海外旅行先の常として、どうしても週末三日間の滞在というケースの多い台湾だからこそ、訪れる場所のポイントを絞らなくてはもったいない。そんなスケジュールの旅で、暗くなってからの数時間を士林観光夜市に回してください。台湾グルメの魅力の一端を五感で感じられるはず。

NO.1
SHILIN

台湾の味、
蚵仔煎と臭豆腐

台湾名物といえばこの二つ。小ぶりの牡蠣がたっぷりの蚵仔煎と、台湾に行ったことない人でも名前を聞いたことがあるという臭豆腐。蚵仔煎はよく牡蠣オムレツと表現されていますが、オムレツか……!?　確かに卵を使っていますが、仕上げにサツマイモからとったでん粉を水で溶いた生地でとじるため、牡蠣、卵、野菜のほかにぷるぷる状のものも楽しめちゃう。そしてタレがまた強烈。店によってかなり違いはありますが、基本、甘い。

臭豆腐は発酵させた豆腐というイメージですが、納豆菌と酪酸菌なるもので作った発酵汁に豆腐を漬け込んだもので、実は豆腐自体は発酵していません。それでも発酵モノ特有のすんごいニオイがするのです。10メートル離れた場所ですら、このニオイ、漂います。でも口に入れるとおいしんだよね〜。納豆や大島名物のくさや、鮒寿司、ぬか漬け、なんでクサイものってうまいんでしょ。口に入れられないという方は、串焼きスタイルや、ピリカラ味が得意なら麻辣臭豆腐に挑戦を。店によってニオイの強さは確かに違います。以前、あまりにもクサイってことで、台北のある店は罰金刑にあったそうです。どの店なのか、気になりますねぇ。

この２つ、台湾全土の夜市で必ず見かけるのですが、士林観光夜市は数が違う。３店に１店は扱っているのではないか!?というぐらい多いのです。蚵仔煎はまだしも、クサイものって都会よりも地方にありがち、なんて思うのは私だけ……？　蚵仔煎と臭豆腐、これらを体験したら台湾屋台料理の初級は合格確実です。

煮込み待ちの臭豆腐★8

初心者向け、ネギを挟む串焼き状の臭豆腐★9

P15 ワンタン屋の隣の臭豆腐、酸味がきいてます★10

牡蠣でなくエビが入ると蝦仁煎に★11

蚵仔煎 50 元前後、東京のある店では 900 円でした……★2

NO.1
SHILIN

なぞのスナック、
大餅包小餅

まず、ネーミングがすごい。大餅包小餅（★12）。大きい餅が小さい餅を包む!?　大きい餅と小さい餅……、ノドにつまるやんけっとつい関西弁でつっ込みたくなるこのスナック。数年前には存在しなかったのですが、最近では行列ができているほど人気で、私は未だ士林観光夜市でしか目にしたことがありません。もともと台湾には大腸包小腸（P96）という屋台の味があり、これを真似たのは一目瞭然。ですが、なぜに餅!?

実態は、クレープのような皮の上に、揚げた味なしパイ生地をのせ、トンカチでたたいて崩し、上からシナモン、抹茶、ゴマ、カレーなどの好みのパウダーをかけて包んでできあがり、といったシロモノ。3個100元。餅というか大きい粉モノで小さい粉モノを包んでます。でも、ありですか!?　このスナック。なんか、

ONE 壹

皮の上に揚げパイ生地。上からたたいて……

TWO 貳

味付きパウダーかけて……

これがクレープ状の皮で包む小餅★12

原価かかってないし、どうなのよ!?　でも食べてないのに文句をいったらいけません。でもでも3個もいらないよね。ピーナツ味を1つ、40元で購入。割高にはなるけど、バラでも売ってくれるのが台湾人のよいところ。あと10元出したら 蚵仔煎食べられるなぁ。

その後、士林観光夜市の中を食べ歩き、この不思議なスナックを手にホテルに戻って爆睡しました。朝、スナック入りの袋に気付き、でも時間たったからパリパリ感もないよねぇ。期待もせずにぱくついたところ……うんっまい！　あれれー、おいしい！　これ、あたりです。中の揚げたパイ生地がサクサクであっという間に平らげました。その日の夜、3個100元を払ったのは言うまでもなし。これだから、夜市めぐりはやめられないっ！

THREE 參

大餅＝クレープ状の皮で包んで……

FOUR 肆

完成！ 中に揚げパイ生地なんて思わないよねぇ……

「楓霖」の巧克力香蕉千層 90 元★13

フルーツ系なら「阿忠冰店」で★14

NO.1
SHILIN

士林、カキ氷バトル

確かに士林観光夜市は広くありません。でもさ、道挟んだ目の前でカキ氷屋開かなくてもいいんでは!? 駅前交差点近くの入り口から入って５本目の道を左折すると、左右にカキ氷屋があります。この２店、どちらも甲乙つけがたいおいしさなのです。価格はどちらも100元前後、メニューの豊富さも同じ、何気に利用者を観察するとこの点にも大きな差はなし、どちらも人気店。こうなると、どっちに入ればいいの!? 気の小さい私は、どちらのお店のスタッフとも目を合わせないようにメニューを確認して、どっちにしようか悩みます。

それでも違いを探すと、駅から見て手前の「阿忠冰店」(★14)は、線線冰という細か〜く削ったカキ氷が自慢。日本のカキ氷のようにザクザクではなく、ふんわりした雪のような氷が口の中を冷やしてくれます。向かいの「楓霖」(★13)は氷自体にミルクの味がする牛奶雪冰がおすすめ。「阿忠冰店」にも牛奶雪冰があるのですが、「楓霖」の方がミルク氷の味がさっぱりしていてトッピングしたものを最後まで飽きずに楽しめます。個人的にはフルーツ系のカキ氷が食べたいときは「阿忠冰店」、バナナやチョコレート味などがっつり甘いカキ氷が食べたいときは「楓霖」。そうそう、ミルク味の氷を削る牛奶雪冰がおすすめの「楓霖」は、そのほか、オレンジ味やレモン味などのシャーベットを削った千層冰もなかなか。こちらも氷自体の味はそこまで濃くないので、どっさりトッピングしましょう。

価格、味に問題のないこの２店。唯一の悩みが量の多さ。一人旅の寂しさ、こういうときに感じます……。

MAP

Huaxijie Yeshi

華西街観光夜市

アクセス ※ MRT 板南線龍山寺駅出口 1 より徒歩約 5 分

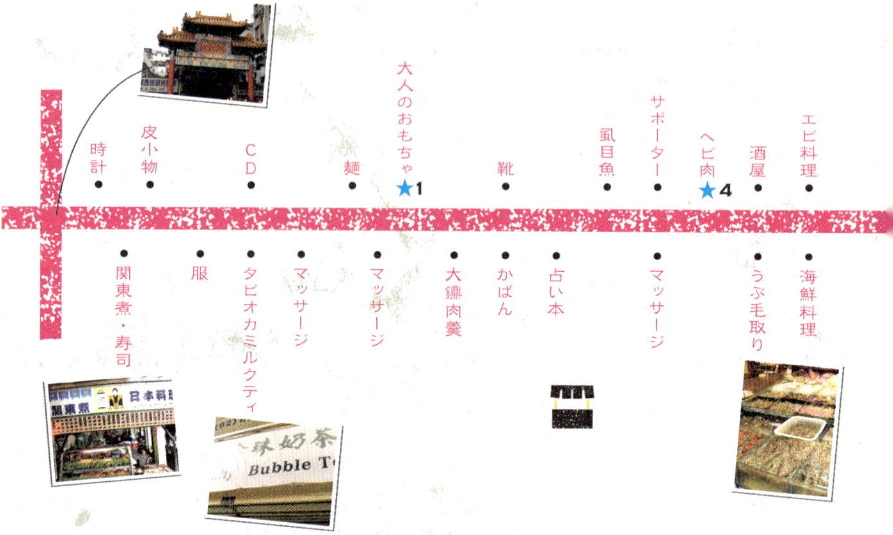

NO.2
HUAXIJIE YESHI

妖しいのには
理由があるのだ

願えば何でもかなえてくれる、台北っコの信仰のよりどころでもある龍山寺がある街なのでさぞや敬虔な場所なのではと思いきや、これがまたミョーに怪しい、ではなく妖しい雰囲気。ヘビ肉屋にスッポン屋、大人のおもちゃに石＆玉屋さん、お土産用の仏像が並んでいたり、マッサージ、顔のうぶ毛取り、カラオケ、占台湾の人々の信仰のシンボルでもある龍山寺。その近くの夜市なら、さぞや敬虔な雰囲気漂うのでは……？と思うのに、意外や意外、めちゃ妖しさ満点の夜市です。

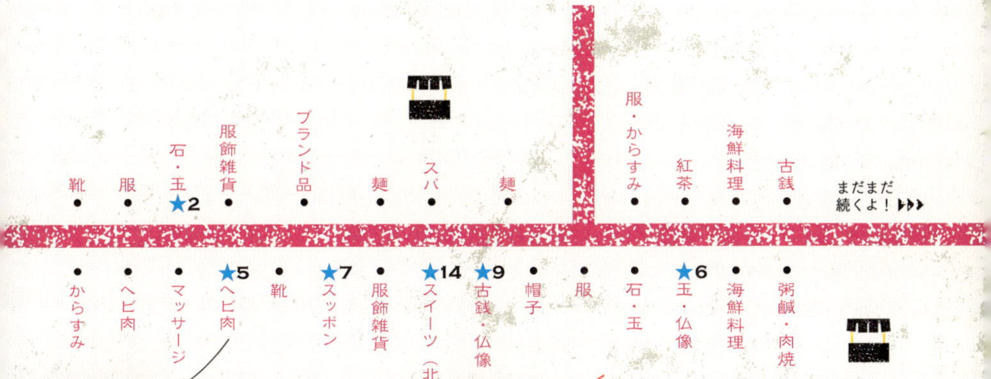

映画の撮影でも使われたヘビ肉屋さん。カメラを向けると怒られるので注意！

代金は「先払い」です。

いなどなど、なーんかほかの夜市とは違う。それもそのはずで、このエリアはもともと西に流れる淡水河を利用するための港で栄えた場所。人が集まる場所にはお寺や市がたちます。台北最古の寺、龍山寺が立つ場所でもあるのです。これって、日本でいう浅草と同じ。浅草は江戸時代の遊郭、吉原の近くです。ってことはこのエリアもそっち系……!? ってことなんですね。今でこそ国の取り締まりが厳しく目にすることはありませんが、昔は風俗街としても有名だったそうです。最近では華流アイドルが出演して

大ヒットしたヤクザ映画『艋舺』の舞台になったりして、若いコの姿もチラホラ。

理由がわかると何でもそのフィルターを通して見てしまうのが私の悪いクセ。夜市でお酒をおいている店って意外と少ないのですが、ここではほとんどの店にアルコールが用意されています。やっぱお酒飲まないと行けないのかな（どこに!?）。タウナギ料理屋、そうだよねウナギで精力つけないと（タウナギだし）。甘味屋さん、そっかおネエさんたちにねだられるのかな（もっと高価なものねだるでしょ!?）。……妄想は果てしなく続きます。

華西街観光夜市

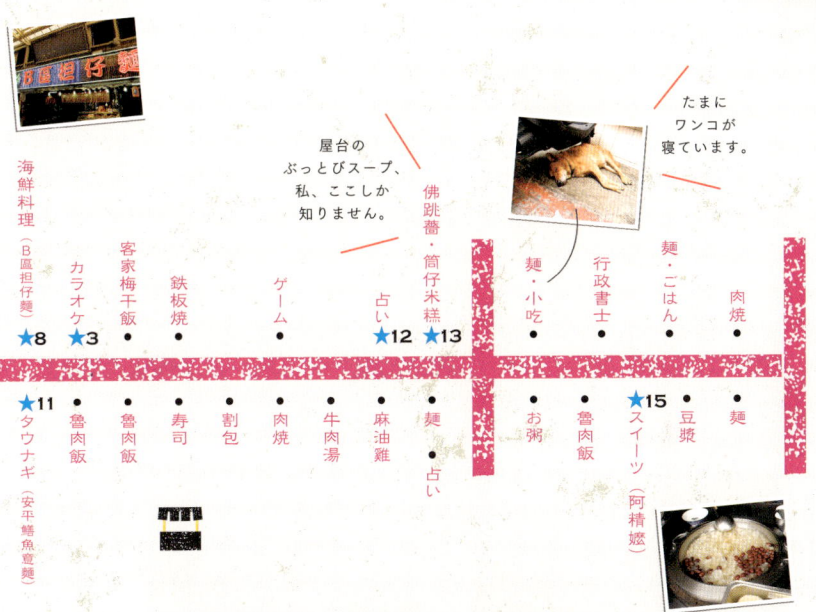

屋台の
ぶっとびスープ、
私、ここしか
知りません。

たまに
ワンコが
寝ています。

★8 海鮮料理（B區担仔麵）
★3 カラオケ
● 客家梅干飯
● 鉄板焼
● ゲーム
★12 占い
★13 佛跳薔・筒仔米糕
● 麺・小吃
● 行政書士
● 麺・ごはん
● 肉焼

★11 タウナギ（安平鱔魚意麵）
● 魯肉飯
● 魯肉飯
● 寿司
● 割包
● 肉焼
● 牛肉湯
● 麻油雞
● 麺 ● 占い
● お粥
● 魯肉飯
★15 スイーツ（阿精嬤）
● 豆漿
● 麺

中華風の門をくぐると隠微な世界が!?

堂々と立つマネキン。いいっすねぇ★1

パワーストーンアクセサリーが充実★2

カラオケ。ほかの夜市では見ないよね★3

ヘビ肉屋さん。カメラ向けると怒られるので注意★4

映画『艋舺』のロケ地にもなったヘビ肉屋さん★5

龍やフクロウなど、縁起のいいものばかり★6

スッポン屋さん。旅の疲れが出たらおすすめ!?★7

何がすごいって、オープンな店がまえ★10

魚を選んで調理してもらう海鮮料理屋も充実★8

台南名物、タウナギが食べられます★11

いいねぇ、このセンス。夢に出そうです★9

占いスポットが多いのもこの街の特徴★12

素朴な佛跳牆、でも味は価格以上

25元の筒仔米糕。コストパフォーマンス高し！

「恥ずかしいよ」とテレていました

アーケードの端っこ、黄色い看板が目印

冬瓜が入ったさっぱりスープ、肉羹45元

このページの写真はすべて★13のものです

NO.2
HUAXIJIE YESHI

ぶっとびスープと
台湾風おこわ

佛跳牆、通称ぶっとびスープをご存じでしょうか。陶器の壺に干しアワビやフカヒレなど十数種類の高級食材を入れ数日かけて煮込んだ福建省のスープのことで、そのあまりにおいしそうな香りに仏さまが空を飛んで山を越えてやってきた、といわれる高級スープ。数年前に台湾好きな日本のタレントが紹介して話題にもなりました。本来お祝いの席などで人が集まったときにオーダーするもので、数千元するシロモノですが、さすが華西街観光夜市。なんと80元でありました。

さすがに高級食材とはいかず、排骨、干シイタケ、ウズラの卵、筍、芋、魚の皮といった内容ですが、じっくり煮込んであり好喝っ！　濃すぎず薄すぎず、素材すべての味がじんわり舌の上に広がります。しかもかわいい陶器の器に入っていて満足度大。アーケードの隙間から星空を眺めながらいただくぶっとびスープ。修行中のお坊さんが飛んでくるかも!?　華西街観光夜市を駅のほうから入ってアーケードが終わる左のお店（★13）でいただけます。

ここ、ぶっとびスープだけでなく、台湾風おこわ、筒仔米糕も美味。おこわは上にかける特製ソースが店の自慢だったりするのですが、たいていは甘い。私はちょっとなめさせてもらって甘過ぎる場合はかけずに食べちゃう。ここのソースは甘酸っぱく、私の好みではぎりぎりかけてもOKな味です。辛いソースもあるのでこれを少量かけても◎。おこわは北と南（P60）でスタイルが違うので、話のネタにも食べてみてください。

NO.2
HUAXIJIE YESHI

スイーツが
充実している不思議

いろいろ想像してしまう華西街夜市ですが、不思議とスイーツが充実しているのです。これって、おネエさん方が利用してたから!? なんて想像してしまうのですが、さあ、どうでしょう？

駅側の門から入って桂林路までの間、右側に店を構える「北港甜湯」（★14）は1953年創業の老舗甘味屋さん。ここを訪れたら豆花と焼痲糬ははずせません。豆花はほんのり甘い大豆のプリン。これだけでももちろんOKですが、綜合豆花なら台湾人が大好きな、サツマイモ、緑豆、紅豆、ピーナツ等が入って35元。やさしい甘さもさることながら、豆ってイソフラボンたっぷりだよね、とアンチエイジングをした気分になれます。焼痲糬はピーナツ粉をかけたやわらかなお餅で、こちらも台湾人の大好きな味覚のひとつ。温かくとろんとしたお餅はぜひとも経験してほしい味です。

もう一軒、ぜひ利用してほしいのが、アーケードが終了した先、右側にある創業1965年の甘味屋さん「阿精嬷」（★15）。メニューの端から食べてみたくなるけれど、まずはベーシックな紅豆湯芝麻湯圓65元。ゴマ餡がたっぷり詰まったおだんごは甘いけれど、日本のお汁粉と違って小豆の汁が甘さ控えめなので、おいしくいただけます。またぜひ試してほしいのが冰糖白木耳蓮子湯40元。歯応えのある白キクラゲとシロップの甘さが絶妙。白キクラゲはお肌に潤いを与えるそうで、こちらもアンチエイジング？　ってことは、やはりおネエさんたちが美容のために利用していたのでは!?　あぁ、また妄想が始まります……。

無愛想だけどやさしい「北港甜湯」のおばあちゃん★14

もち米をぐつぐつ煮込んだ米糕粥 30 元★14

燒麻糬。焼とついてますが
焼いていないので注意★14

日中もオープン、
青空の下で食べられる「阿精嬤」★15

ぷるんではなく、
ふるんという感じ、綜合豆花★14

白玉汁粉に近い紅豆湯芝麻湯圓★15

歯応え＆量あり、冰糖白木耳蓮子湯★15

看板を見ると
片っ端から食べたくなります★14

MAP

Raohejie Yeshi

饒河街観光夜市

アクセス ※ 台鉄松山駅より徒歩約３分

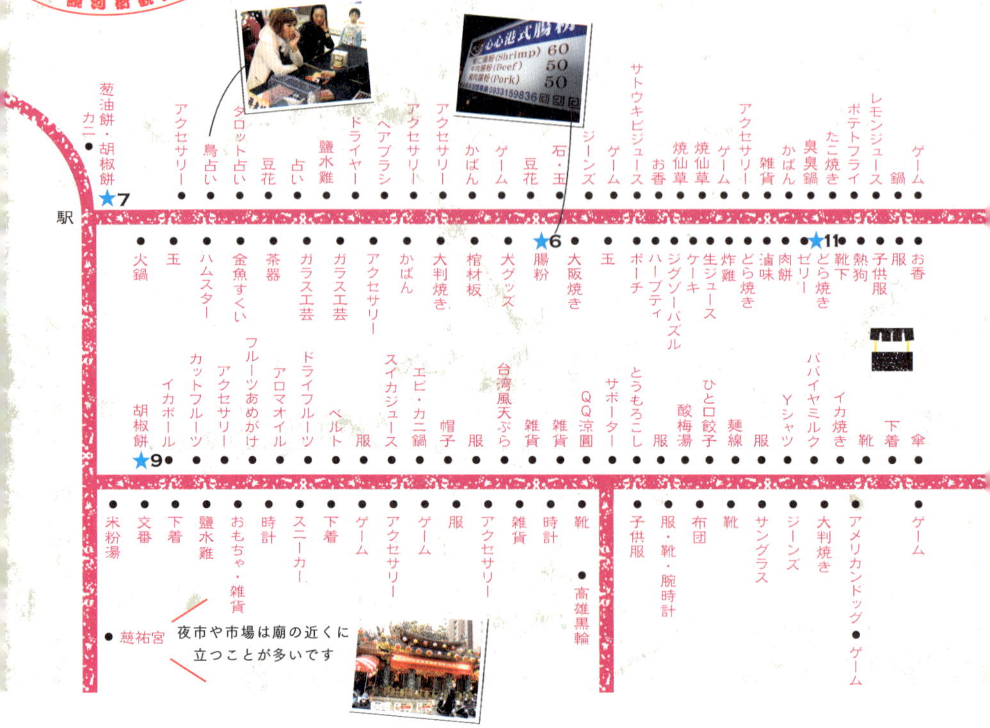

NO.3
RAOHEJIE YESHI

種類豊富な
台湾自慢のスープたち

中国料理はスープの種類が豊富ですが、台湾の夜市でもさまざまなスープに出合えます。饒河街観光夜市の自慢はそんなスープのひとつ、薬燉排骨。スペアリブが入った漢方スープですが、具の量からしてスペアリブの漢方スープ煮といった感じ。さぞやギトギトと脂の浮いた濃い味かと思うのですが、長時間煮込むこと台鉄松山駅の近くにある、士林とともに台北二大夜市と言われる大規模な夜市。400メートルほどの一本道を通行止めにしているので、往復すればすべての店をチェックできます。

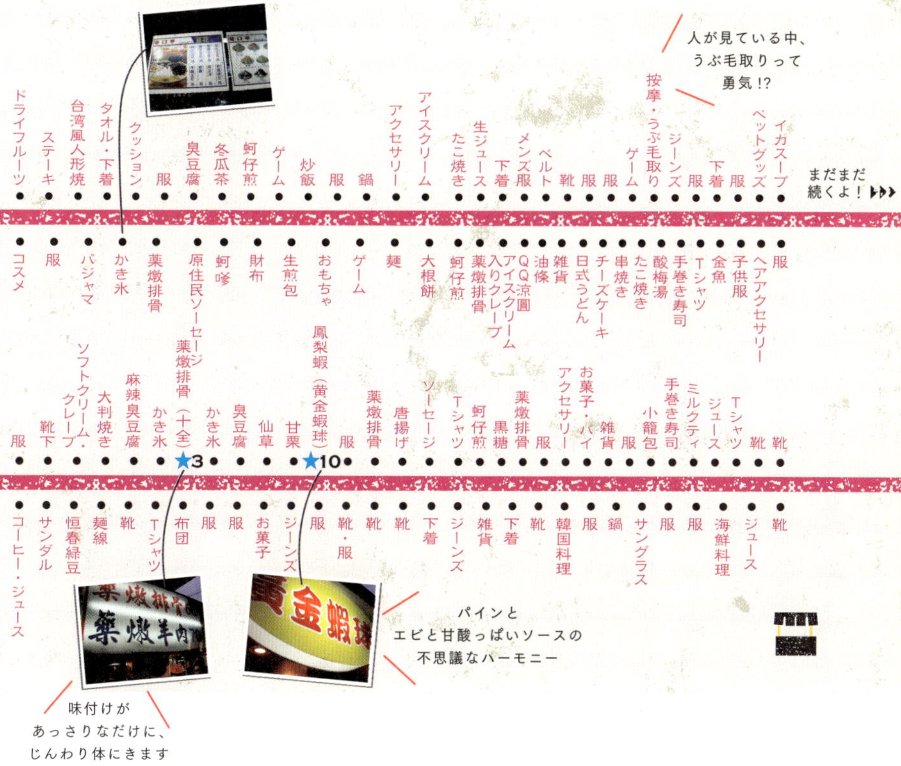

で余分な脂身は完全に除いてあり、スペアリブが入っているとは思えないあっさりとした味。口に入れると薬膳臭さは消え、滋味豊かな味わいを楽しめます。

日本人は漢方というと特殊な料理ととらえがちですが、台湾では体を温めたい、風邪をひいたというときに飲むのは当然のこと。しかも屋台でなら60元前後。この薬燉排骨をぱくついている若いコの姿を目にするたびに、医食同源という言葉が浮かびます。駅側の入り口から入って右側通路に店を構える「十全」（★3）は、本当にあっさりとした味付けで、最初に口にしたときは正直おい

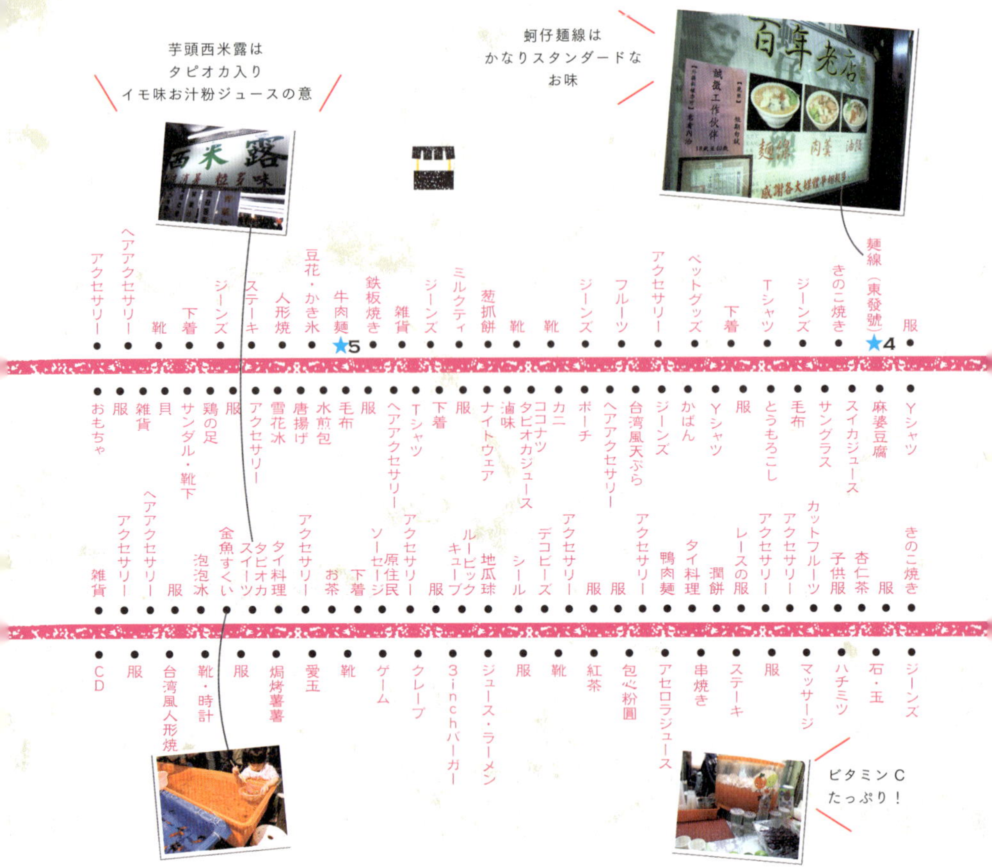

しいと思えませんでした。でもこのあっさり味がヤミツキになるんですね。体が弱っているときにいただくと体がほっとするのがわかります。

同じく体が疲れているときにおすすめなのが、モツのスープ、四神湯や、ブタの血の塊が入った猪血湯。また、台湾の人はセロリの使い方が上手。透明なスープがベースのものはたいていセロリの味がきいています。セロリが苦手、という人はぜひ透明系スープを試してみて。夜市のお店の器は小ぶりなのでスープのハシゴもあり。スープを語るようになったら、かなりの台湾通です。

饒河街観光夜市

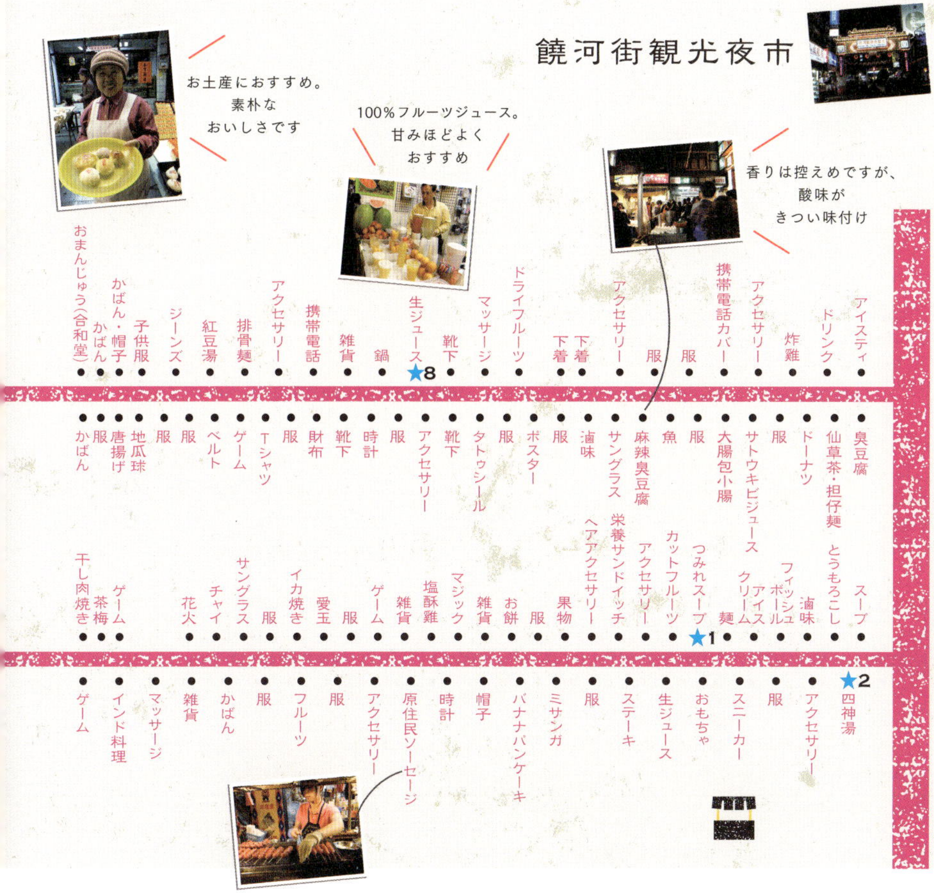

クコの実等が入った養生スープ、麻油雞 P82 ★5

しょうがの風味がさわやかな清菜湯★1

ちゃうま！　公館夜市の鮮肉湯圓 65 元 P56 ★5

臭みはまったくなし、もつ入りの四神湯★2

基隆・廟口夜市「40 番」のイカスープ花枝焿55 元 P82 ★6

シャキシャキ歯応えがいい台湾山ユリの金針湯 P137 ★5

つみれスープ、魚丸湯。台南・花園夜市で 25 元 P106 ★9

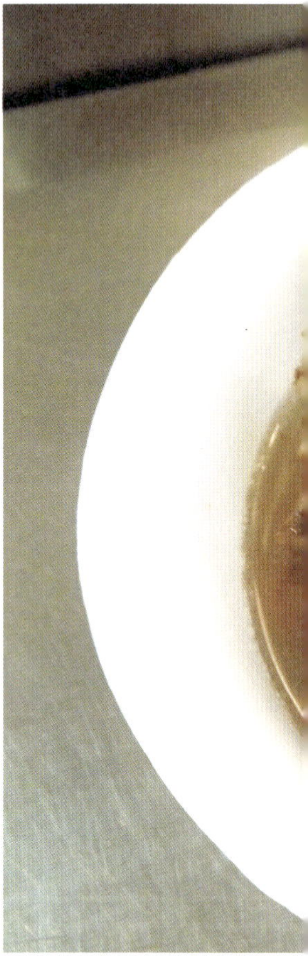

饒河街観光夜市以外ではあまり見かけない薬燉排骨。写真は「十全」のもの★3

台東名物、ブタの血の塊が入った猪血湯 P131 ★5

基隆の肉みぞれスープ、肉焿40元 P82 ★7

NO.3
RAOHEJIE YESHI

台湾人は とろみがお好き

夜市の食べ歩きをしていると、台湾人の味や食感の好みがわかります。で、感じるのは台湾人はとろみが大好き。饒河街観光夜市の老舗店「東發號」（★4）を有名にした 蚵仔麵線。小ぶりの牡蠣と素麺と、とろみのついたしょうゆベースのスープのコンビはまさに絶妙。これ、日本の大ぶり牡蠣では絶対NG。また素麺のように細くシンプルな麺だからこのとろみが生きるんですね。北

日本でも人気の酸辣湯もとろみ付き P89 ★4

50元でボリュームたっぷり「東發號」の蚵仔麵線★4

部の港町、基隆・廟口夜市名物「○○のみぞれスープ」と訳されるスープは、片栗粉をまぶしてくずを絡めたような具入りスープで、ほとんどのスープに軽くとろみがついています。スープ系だけでなく、タウナギを具にした鱔魚意麵（P134）もあんかけ麵。

日本人にとって“とろみ”＝“体を温める”イメージ。沖縄より南に位置する台湾、そんなに寒いのか!? とつっ込みたくなります。火を通さない料理の少ない中国料理の影響を受けているからか。ちょっと不思議。でも何でもいいわけではなくて、蚵仔麵線といい鱔魚意麵といい、この具ならとろみだよね、と妙に感心させられちゃう。実は私、とろみ系がそんなに好きではないのですが、あえて挑戦しています。そして、文句なしの具とのコンビを見つけると、あー、またやられたと、ニヤニヤしちゃうのです。

基隆のカニスープもとろみ付き 50元 P83 ★8

台南・花園夜市で食べた炒麺 25 元 P106 ★9

ほんのり八角が香る紅焼タイプの牛肉麺★5

師大夜市の米粉。35 元でボリュームあり！ P67 ★7

台南名物、担仔麺。そぼろ肉とスープが絶妙 P106 ★10

ミルクフィッシュと呼ばれる虱目魚のスープ麺 P112 ★5

NO.3
RAOHEJIE YESHI

台湾に来たら、
やっぱり麺類！

麺の種類の豊富さにも感心させられるのが台湾です。日本って味付けの種類はいろいろあっても、麺自体は中華麺、うどん、素麺、そば、米粉（ビーフン）ぐらいでしょうか？　台湾は米粉ひとつとっても数種類あって、日本人には覚えきれないほど。日本では麺の価値はコシで決まりますが、台湾ではコシは二の次、麺とスープあるいは味付けのコンビネーションが重要なようです。コシを求めるなら米粉がおすすめ。どの店でオーダーしても比較的日本人好みの硬さの麺に出合える可能性高し。肉系スープの味を求めるなら牛肉麺や担仔麺を。魚ベースのスープなら虱目魚湯麺（P134）。どちらも素材そのもののだしがきいて好吃！　日本の焼きそばに当たる炒麺は、コシは期待できないものの、具にタウナギ（鱔魚 P134）やあんかけなど、日本ではあまりお目にかかれない味に出合えます。

夜市の麺屋さんならほとんど小ぶりの器なので、麺好きなら麺とついたメニューは片っ端から試すべき。夜市でここの麺は必ず食べる！というほどハマっている店はありませんが、師大夜市の超人気クレープ屋さんの近くに店を構えるイカスープや麺類を扱う小吃屋さん（P67 ★7）の米麺は、ほどよいコシでお気に入りです。また最近気になるのが客家麺の板條（P100）。米でできた平たいきし麺のようで、ツルツル、もちもちの食感は絶対に日本人好み。日本人観光客の間でブームになる前にたっぷり食べておかなくては。私、前から知ってたもんね～と優越感に浸るのです。

朝市

元気をもらえる朝市散策

ホテルの朝食もいいですが、朝市でおいしいものを探すのも、台湾らしい旅のスタイルです。夜市は利用者側が元気ですが、朝市は店側が元気。魚屋さんは鮮度をアピール、果物屋さんはあれもこれも、とおまけをつけてくれたりします。朝市は屋根付きの市場よりも路上のほうがだんぜん楽しい！台北駅周辺でいえばMRT板南線永春駅近く、永春市場の手前、虎林街で開かれる市場と、MRT淡水線雙連駅上、遊歩道脇の雙連市場をよく散策します。テイクアウトで公園や廟で頬張るのもオツなもの。散策するだけでも目はシャッキリ、元気になれるはず！

文昌宮

地瓜

MAP

Linjiangjie Yeshi

臨江街観光夜市

アクセス ※ MRT 木柵線六張犁駅より徒歩約 10 分

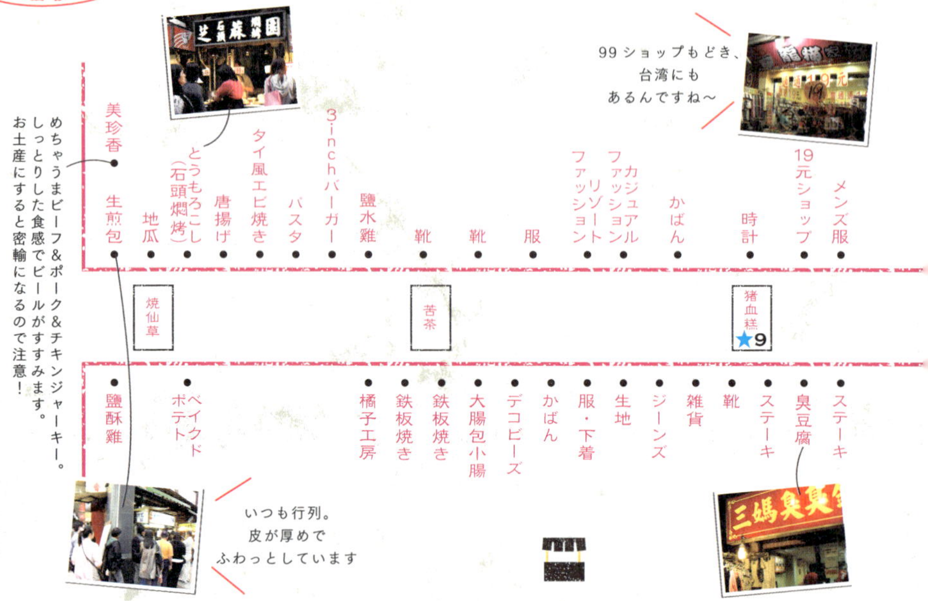

QQ 蛋はホットケーキのおだんごスタイル★1

素朴な甘さともっちり食感が自慢の QQ 蛋★1

タピオカ入りアイスミルクティも QQ P95★3

以前の呼び名は通化街夜市。他の夜市に比べて観光客の姿は少なく、地元の人々に愛されている場所です。アクセサリーや洋服を扱う店が多く、若い女性に人気なのも特長。

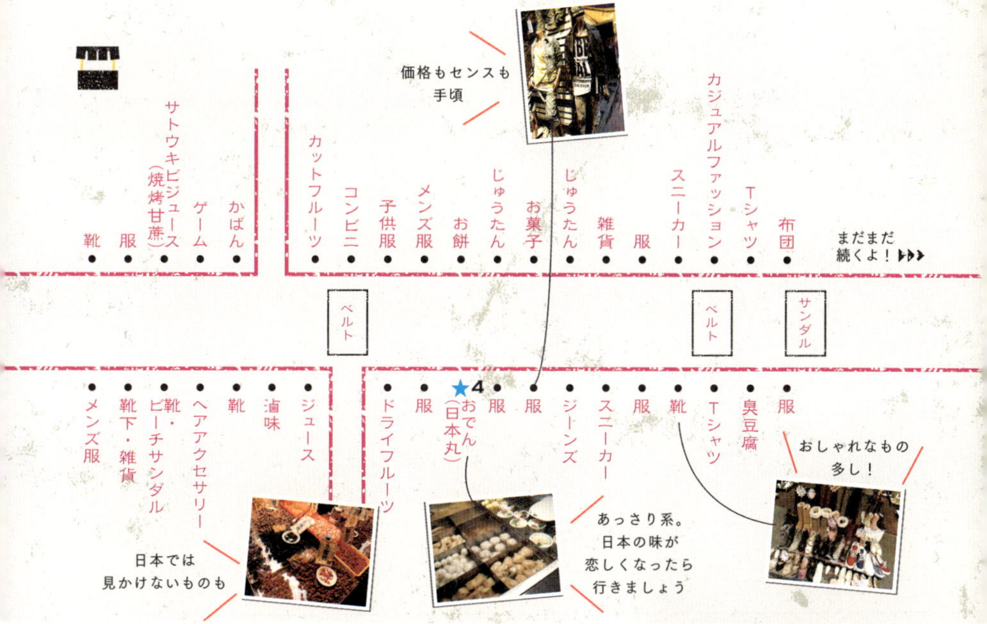

NO.4
LINJIANGJIE YESHI

QQ……!?
食感の不思議

臨江街夜市でよく見かけるひんやりQQ涼圓★2

台湾の街を歩いているときに「QQ涼圓」という看板を発見。「あれ、何？」と聞く私に、台北っコの友達が丸いくずで包んだあんこ玉みたいなものを購入し、食べるようすすめました。口にして数秒後、友達が「ね、QQでしょ？」とひと言。……QQって!?

台湾の人々はもちっと歯応えのあるもの、ぷるんとした舌触りの食べ物が大好き。そしてその食感を“QQ”と表現するのです。注意していると、タピオカ入りドリンクやサツマイモを生地に練

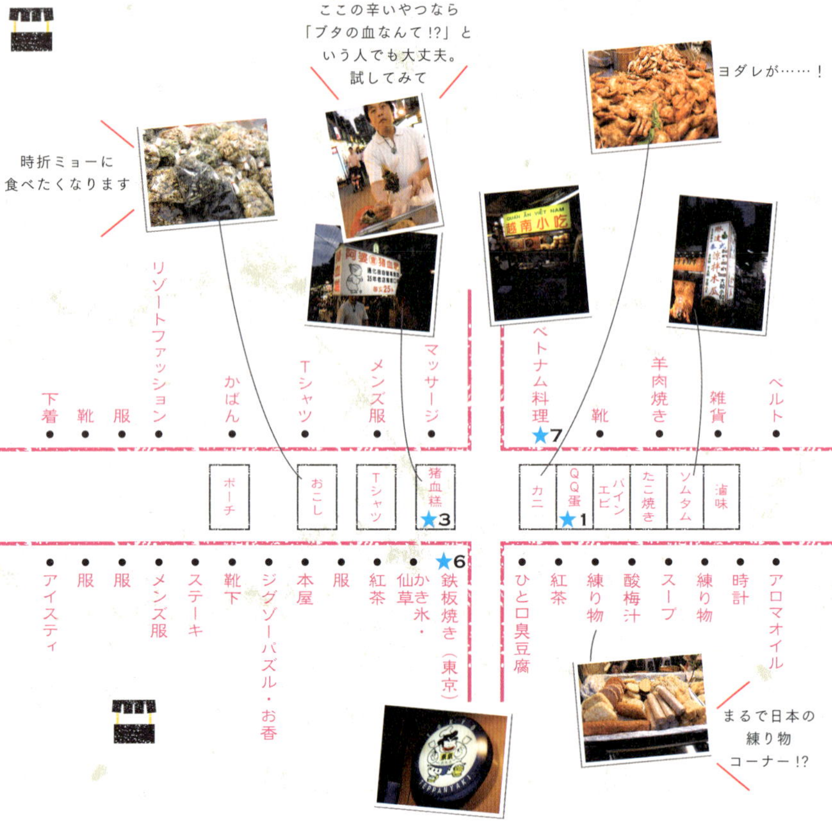

り込み丸くして揚げたスイーツ（地瓜球）など、看板は“QQ”の嵐。わかるようなわからないような……？？？な感じです。でもそれを知ってから、QQの文字を見るとくすりと笑ってしまいます。そういえば、台湾の夜市＆食堂グルメって、まん丸でもちもちした食べ物が多い。イカをミンチにして丸く成形して揚げた花枝丸に、魚のすり身だんごのスープ貢丸湯、もっちり……もっちり……っちり……ちゅり……きゅり……きゅる……きゅう……QQ!?　動詞の五段活用ならぬ、QQの八段活用。これらを噛んでいるとQQという音が鳴りそうな気がするのは私だけでしょうか。自国ならではの英語を生み出すのは日本も負けていないと思うのですが、食感を表現する欧文って思いつきません。ほんっと、台湾人の発想ってすごいです。

臨江街観光夜市

ソムタムの屋台。
でも味はピカイチ、
辛味と酸味のバランスが絶妙。
クセになります

青蛙下蛋・愛玉 / 靴 / 服 / 小籠包・蒸し料理 / 雑貨 / 帽子 / 爪切り / 箸 / 服 / ジュース / 服 / 下着 / Yシャツ / 靴下 / アクセサリー / 下着 / かばん / おもちゃ

服 / 滷味 / アクセサリー / 服 / 滷雞腳 / ソーセージ / 潤餅 / 服 / 綿あめ / 大判焼き / ソムタム（Joky）★8 / 靴下 / カットフルーツ / サンダル / QQ涼圓 ★2 / 棺材板 / あめがけフルーツ

豆花・芋圓 / CD / フィッシュボール / ヘアアクセサリー / 駄菓子 / おこし / ★5 台湾風人形焼・ゲーム / アセロラジュース / イカ煮 / 雑貨 / 滷味 / ひと口餃子 / 服 / 湯圓 / タオル / 靴 / 時計 / ネクタイ

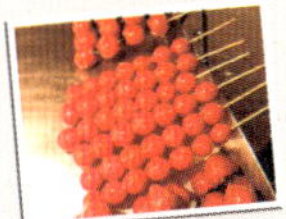

おばちゃん、
緊張中

“日式”とありますが、
日本にはないのでは？
たぶん人形焼を
真似ている!?

QQというか
球球!?

丸いから“球球”なんでは!?とも思うのは私だけ？　左上から香港式辛く煮込んだフィッシュボール、生の果物を閉じ込めたまん丸ゼリー、甘味はサツマイモの甘さだけの地瓜球、花枝丸

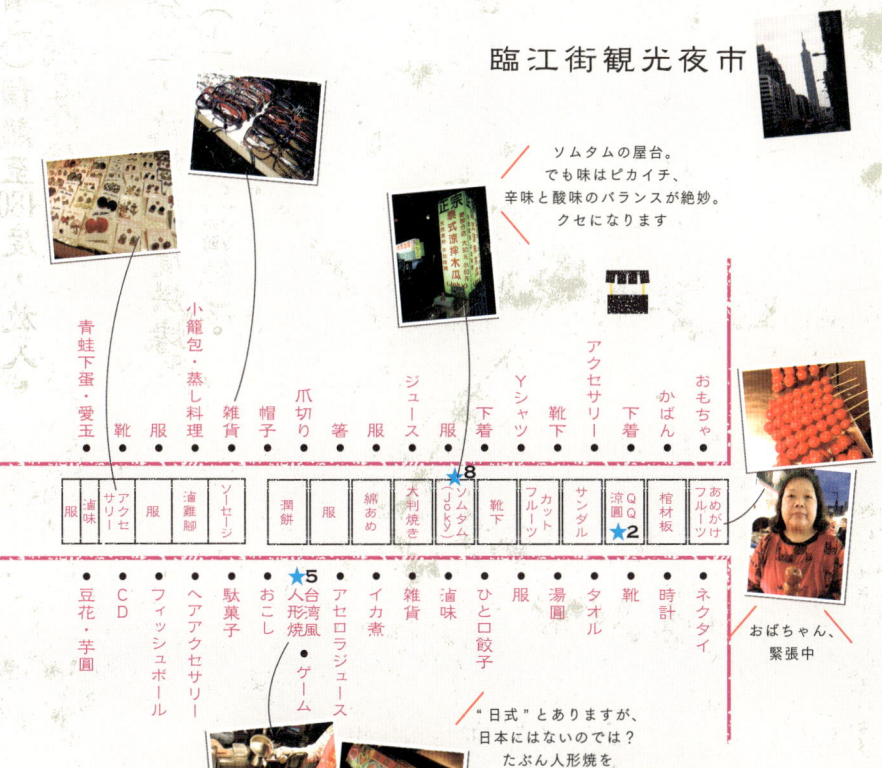

NO.4
LINJIANGJIE YESHI

スイーツだけじゃない、QQな台湾名物料理

QQな食感好きな台湾だからこそ生まれた名物では？と思わせるグルメ。それが肉圓です。サツマイモの粉と米粉を合わせた生地で豚ひき肉を包んで低温の油でゆっくり揚げたもので、甘辛い赤いソースをかけていただきます。見た目はぷるぷるしててうまそー！　初めて出合ったときはくず系スイーツかと思い口いっぱいに頬張りましたが、舌の上にのった瞬間、頭の中は？？？　な

店によってソースの味がかなり違う肉圓 P82 ★9

くずをからめて具をぷるぷるにしたスープも P82 ★7

饒河街観光夜市では目の前で作る腸粉専門店が P34 ★6

煮込んで煮込んで気合いの入った弾力にする淡水名物、鐵蛋。これもQQ!?

んすか、これ!?　味のないぷるぷるなものと豚ひき肉のあんの組み合わせはなぜに？　さらに肉にこのソースは甘過ぎでは？　台湾人の友達曰く「QQでおいしいよね」とのこと。やはりQQなんですね……。米粉で作った生地を蒸してエビや豚肉などを棒状に包んだ腸粉も、ぷるんとした食感で人気の味。数ある点心メニューの中で夜市に専門店まであるのは、この食感が台湾人の味覚を魅了しているから（たぶん）。

そんなぷるぷるもっちりが好きなクセに、なんでこの食感!?と首をひねるグルメが存在するのも台湾らしいところ。それは碗粿と猪血糕。碗粿は米粉を溶いたものに具を入れ味付けして蒸した餅のようなもので、QQではなく、ぐにゃん、ねちゃんなのですよ。餅米と豚の血を合わせて蒸した猪血糕は、もっさりというか、もそっというか……。どちらも味は好きなのですが、食感に飽きるというのか、量を食べられません。QQ好きな台湾人がなぜにこの食感を生んだのか。この謎、誰か解明してください。

QQと真逆なこの食感……!?

臭さ、レバっぽさはなくお餅のよう P107 ★11

ライスプディングといった碗粿 P66 ★8

臨江街夜市中央辺りの猪血糕。ピーナツが香ばしい！★3

NO.4
LINJIANGJIE YESHI

日式、根付いてます

「黒輪」、これ何だと思いますか？　日本の冬に欠かせない味、そう、おでんです。臨江街観光夜市をぶらついていると、このおでん屋を多く目にします。また、キャラクターが力士の鉄板焼き屋など、看板を見ているだけなら日本の繁華街を歩いているような感じです。臨江街だけでなく、夜市を歩いているとここそこに「日本スタイル」「日本の味」といった意味の「日式」の文字を目にします。

たこ焼きや大判焼き、寿司や刺身などなど。たい焼きのように鉄の型に卵、小麦粉、砂糖を合わせた生地を流して焼くスイーツ、立體雞蛋糕にも「日式」とあり、これが日本？　確かに人形焼きのようですが、味も食感もまったく別物。軽くてぱふっとした口当たり。人形焼きのようにしっとりもしていなく、味も甘さ控えめです。鉄板焼き屋にも「日式」の文字。どら焼きなんて、看板に堂々とドラ〇もんのイラストがあったりして、絶対許可取ってないでしょ、とつっ込みたくなります。また、漢字表記もへぇーと感心させられます。例えばヤクルト。漢字にすると「養楽多」。なるほどねぇ。

これらの「日式」を探して歩くのも夜市の楽しみ方のひとつ。そして感心するのは、ただ真似ているだけでなく、味の種類が豊富なのです。大判焼きのあんなんて、チョコ、カスタード、小豆あんは当たり前、ピーナツ、ゴマ、抹茶、ミルク、バナナなどなど、日本にない味はぜひオーダーを。見るだけでなく口にして、元祖日本の味との違いをお試しあれ。

大判焼き。鉄板の形は台湾オリジナル？ P67 ★9

大阪焼きがありました。ちょっとソースが甘め、かな？ P131 ★6

ヤクルトのサーバー。下に空の容器が P82 ★3

章魚はタコのこと。大阪の味、たこ焼きです P67 ★10

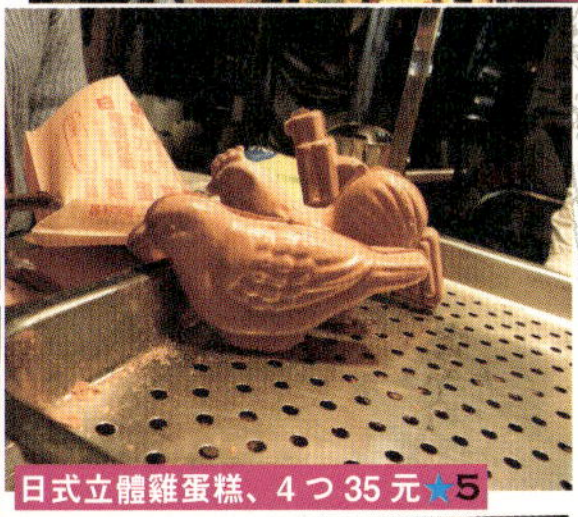

日式立體雞蛋糕、4つ35元★5

鉄板焼き「東京」、キャラクター★6

「日本丸」というおでん屋さん★4

おでんの味付けは
日本と同じで店によります★4

味付け生地の大判焼き。
生地にも種類あり P131 ★7

どら焼きは「銅鑼焼き」P34 ★11

ベトナムのフォー。これも臨江街に★7

日本でもお馴染み、ドネルケバブ P130 ★8

「Joky」の店のソムタム、
ピーナツがかりっとアクセントに。小 60 元★8

目の前でつくるソムタム。ライムがさわやか★8

「Joky」基隆路側の入り口から
80 メートルほど、道の中央で開店★8

NO.4
LINJIANGJIE YESHI

異国の味も
夜市に登場

　夜市といえば台湾小吃グルメの宝庫……だけじゃない。外国の味も楽しめます。アメリカのホットドッグやハンバーガー、トルコのドネルケバブ、これぐらいなら日本でもお目にかかるので何とも思いませんが、最近ではインドのチャイ、タイ風エビ焼き、ベトナムの生春巻きなどが登場してきて、バラエティに富んできたなぁと感心しきりでした。その中でも驚いたのが、タイのソムタム。「泰式涼拌木瓜」（★8）という看板を見つけたとき、なんだろう？　パパイヤのタイ風？　も、も、もしかしてソムタム!?

　作り方をじっくり見学させていただくと、注文が入ると専用の鉢、クロックにあらかじめカットしてある青パパイヤを入れます。トウガラシやニンニクをハサミでチョキチョキ、クロックへ投入。ライムを搾ってナンプラー、砂糖で味付け。すりこぎで具をつぶしながら、ここで一度味見をさせてくれます。仕上げにピーナツや干しエビを加えさらにぐりぐりぐり。再度味見して出来上がり。その場でつくるので青パパイヤはシャキシャキと歯応えよく、トウガラシやライムの風味が新鮮で、これまた好吃！　かなり本格的な味わいです。屋台でしかもソムタム専門、それだけだってびっくりなのに、味もピカイチ。

　残念なのは未だ臨江街観光夜市でしか見かけない点。タイ風エビ焼きもいつのまにか全土に広がったので、そのうちどこでも食べられるかな。ここでしか、というのも捨てがたいなぁ。ライムの酸味がきいたソムタムを咀嚼しながら思うのでした。

MAP

Gongguan Yeshi

公館夜市

アクセス ✳ MRT 新店線公館駅より徒歩約３分

台湾大学近くにある夜市だけに、ファッションやネイルを扱う店が多く、若者の姿をよく目にします。MRT 新店線公館駅周辺全体を指します。

大きい「宜蘭葱餅」の看板が目印★1

おいしければ焼きあがるのを待つのも楽しい★1

これが、食べなきゃ人生損する葱餅だ！★1

葱油餅。「宜蘭葱餅」に負けるけどこちらも美味 P34★7

台東の葱油餅。店によって違います P130★9

NO.5
GONGGUAN YESHI

ネギがこんなにおいしいなんて！
目からウロコの魅惑の葱餅

正直、公館夜市ってどうでもいい存在でした。個人的な好みなのですが、一本道の夜市のほうが歩きやすいし、ネイルサロンや雑貨屋さんにあまり興味がないし。そんな私を通わせる魅力を持つグルメが公館夜市に登場。それが汀州路側入り口角の「宜蘭葱餅」（★1）の葱餅。

生地をこねて伸ばしてぶつ切りネギを散らしてくるくる丸めて……、その場でスタッフがせっせと作っているのですが、人・人・人の行列で、あっという間になくなってしまう。ちょっと並ぶけどおかげでいつも出来立てがいただけます。鉄板で焼く生地の焦げる香ばしい香りを嗅ぎながら待つこと数分、40元と引き換えに受け取りぱくり。うーん、うまいっ！　厚めの皮から顔出すネギの甘いこと、みずみずしいこと、もう文句なし。ネギのエキスがたらたらもれて、いかんいかんもったいない。手に垂れたエキスまでなめちゃいます。動物性たんぱく質は一切なし。ネギと塩、胡椒のみでこのうまさを出しているんだから、もう天才！

台湾には葱餅のほかに葱油餅がありますが、葱油餅のほうは大きい生地でネギを挟みこんでからカットして成形するので、切り口から大事なネギのエキスがもれてしまい、おいしさ半減。切り口にエキスが染み込むというメリットもあるのですが、私は齧った瞬間、ネギの風味がじゅわっと口に広がる葱餅のほうが好き。え？　ネギ嫌い？　あー、人生損してますね。いいのいいの、これ以上ファンが増えると困るから。もったいないなぁ、あ、独り言だから気にしないで……。

NO.5
GONGGUAN YESHI

日本人だから、ごはんで〆たい時もある

臭豆腐、蚵仔煎、葱餅、米麺、猪血糕……どれもこれも大好きなのですが、やはり夜はごはんが食べたくなるのが日本人。店によっては白いごはんがありますが、どうせなら台湾のごはんものを食べましょう。公館夜市を訪れる機会があったら、汀州路に面した「嘉義雞肉飯」（★**2**）の雞肉飯を試してみてください。日本でも有名な豚肉そぼろがのった魯肉飯の鶏肉版といった感じで、ごはんの上に蒸して細かく裂いた鶏肉がトッピングされています。ここの雞肉飯は肉はさっぱり柔らかすぎず、硬すぎず、ごはんに染み込んだタレの味が美味。鶏を蒸したときに出るスープに塩、胡椒で味付けただけなのですが、塩加減が絶妙。これ以上薄くても濃くてもおいしさ半減のところで勝負しています。本来雞肉飯は火雞＝七面鳥を使ったものですが、現在では断りがない限りニワトリが主流。こちらもニワトリを使用していました。

そのほか、もち米を蒸したおこわもおすすめ。まず北と南でスタイルが違います。北部では日本でも目にする大きな蒸し器で蒸してお皿によそってくれますが、南へ下ると竹の葉で包んで蒸したものに。しかも、葉でくるんだままではなく中味を出して専用ソースをかけてくれます。台湾はどんぶりものも少量なので、いくつか夜市グルメを楽しんでからごはんものをオーダーしても、最後までおいしく食べられるはず。星空の下、こぶりの器でお米を食べていると、あー、日本人でよかった……と思えるのは日本人の特権です。

淡水で食べた魯肉飯。豆鼓がきいたタレがニクい P89 ★4

基隆・廟口夜市名物、カニ肉たっぷり、カニおこわ P83 ★8

基隆廟口夜市のおこわは店先で豪快に蒸してます P83 ★8

台南の肉粽。トッピングの香菜が
味を引き締めます P106 ★9

「嘉義雞肉飯」の雞肉飯 35 元。シンプルなおいしさ★2

ビタミンCを摂った！という気にさせます★3

目の前に新鮮なフルーツがたっぷり P37 ★8

スイカジュース。自然の甘みにほっとします P37 ★8

滷味屋さんで頼んだ梅ジュースは
ジョッキで登場 P67 ★3

NO.5
GONGGUAN YESHI

喉が乾いたら、
コンビニジュースは反則です

台湾の何がうらやましいって、果物の種類の豊富さと低価格なところ。だから台湾では果物を使った屋台のジュース屋さんがひしめき合っています。日本で生の果物を使ったフレッシュジュースなんて、かなり贅沢なものになるのに、台湾では屋台で安く味わえちゃう。そんな国にやってきたのだから、いつものペットボトルに入ったコンビニジュースやカフェのコーヒーは禁止。屋台のジュースで喉を潤すべき。

公館夜市を汀州路から入って左側にあるアセロラジュースの屋台（★3）。チェーン店ですが、アセロラやベリー系果物を目の前

美しいグリーンの液体はサトウキビジュース P117 ★7

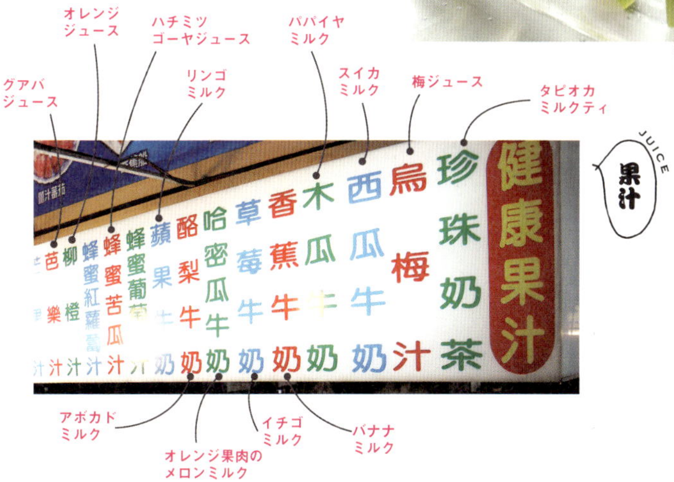

でつぶしてジュースにしていて、酸味がほどよくごくごくいけます。日本ではあまり見かけないスイカやサトウキビのジュースもイチオシ。店頭に果物をおいてその場でジューサーでつくってくれる店なら、店のおすすめを選ぶとハズレがありません。ジュース店の選び方は、その場で搾るあるいはジューサーで作ってくれて、濾し器を使うかどうか。果物の量をどれだけ使うかは店によるので試してみないとわかりませんが、日本人がじぃーっと見ていると中には量を多くしてくれるスタッフがいたり。ジューサーを回して濾し器で濾して出してくれるジュースは、フレッシュでなめらかで好喝！　野菜ジュースもぜひ体験してください。セロリやゴーヤなど、ちょっと……と思わせるものでも、意外や意外、おいしいです。特にゴーヤーは士林観光夜市の店（P14★6）で飲んでみて。紫外線は強いけど果物のおいしい南国にいるのだから、なるべく自然のものからビタミンCを摂りたいものです。

「三姐妹豆花」の芒果雪花冰 90 元★4

タロイモたっぷり芋頭牛奶冰★4

小豆と練乳はかき氷のお約束！★4

NO.5
GONGGUAN YESHI

沖縄より南の台湾では、かき氷にも旬がある

日本でかき氷は夏の風物詩ではありますが、旬というイメージではありません。味付けが人工的なシロップだけだからでしょうか。台湾では一年中かき氷が楽しめるだけでなく、氷の上に果物をトッピングさせるスタイルなので、かき氷にも旬の味があるのです。日本人には高級過ぎて年に一度口にできるかどうかわからないというマンゴー（芒果）。台湾ならお手頃価格で手に入りますが、旬は３～10月。パパイヤ（木瓜）は４～８月。春先のイメージのイチゴ（草莓）は冬の味覚です。氷の上にこれらをどっさりのせて練乳やフルーツソースをたっぷりかけていただくのが台湾風。

大手のかき氷屋さんなら季節に関係なく食べられますが、やはり旬のものを使う店のほうがいい。公館夜市のほぼ中央に店を構える豆花・かき氷の店「三姐妹豆花」（★4）はチェーン店ですが、サービス細やか。まだ旬ではない果物のトッピングを頼むと「酸味が強いからソースを多めにしようか？」と聞いてくれます。台湾語を話せるわけではなく筆談なので、理解するのに時間がかかりましたが、以来、公館夜市に行くとつい寄ってしまいます。あまり季節に関係なくどの土地にもあるのが小豆（紅豆）やタロイモ（芋頭）。イモをかき氷にトッピング!?　とも思うのですが、栗きんとんやスイートポテトはイモのお菓子だし、ありあり。ねっとり甘くてクセになります。台湾を訪れるなら、できれば旬の果物をチェックして。かき氷だけでなくジュースも旬を楽しめます。

MAP

台湾夜市 SHIDA 師大夜市

Shida Yeshi

師大夜市

アクセス ※ MRT 新店線・中和線古亭駅より徒歩約 10 分

台湾師範大学近くにある夜市。大学生が利用するため、安くておいしいお店が軒を連ねています。ファッション雑貨店も多く、台湾のトレンドをチェックできます。

台北っコに大人気。食欲をそそる香ばしい香りがたまりません！ テイクアウトできるのでホテルで食べても OK！

ポップな色使いのスニーカーが。見ているだけで元気になります

とにかくうまい！ ぜひ食べるべし

アクセサリーの隣で餃子ってすごいっす

種類の多さにのけぞり！

ここの麺類はゆで具合が◎！

素朴なおいしさ

整理券持ちながら並んだら意味がないような⁉★1

蒸しあがったらどばっとゴマをふってできあがり★1

ぱりぱりクレープまであと３人！★2

トッピングてんこ盛りでいただきましょう★2

NO.6
SHIDA YESHI

師大夜市ファンは行列を厭わず

台湾を訪れると必ず食べるもの、それが生煎包。大きな鉄板の上で一度焼きつけて水を加えて蒸したもので、焼き蒸し肉まんと表現すればよいでしょうか。ひと口齧ればじゅわっと肉汁が口中に広がり、好吃！　小籠包よりも気軽に食べられて、小ぶりなので小腹が空いたときに便利。10元前後の価格もうれしく、はじめて出合ったときはうまさと安さに感動したものです。師大夜市を和平東路から入って右側にある生煎包の店「許生煎包」（★1）。スタッフがせっせと包子を包んでは大きな蒸し器に並べて蒸します。いっぺんに70個ほどまとめて蒸しあがるのですが、あっという間になくなってしまう。その人気ぶりったら、なんと銀行のように整理券が発券されているほど。この日はまだオープンから1時間しかたっていないのに、順番はもう200番台。みんな整理券を手にしながら並んでいるのがおちゃめです。

行列はここだけじゃない。和平東路から入って一つ目の路地を右折した左側にあるクレープ屋さん「阿諾」（★2）。こちらも整理券システム。アイスや生クリーム、果物、クッキーとトッピングの豊富さと、スイーツ系だけでなく韓国風スパイシーチキンなど、バラエティに富んだメニューが若者の心をわしづかみにしているようで、整理券を配っているのにこちらも店先に人がわんさか。日本では並ぶことのない私ですが、台湾人の行列はつい後ろに続いてしまいます。食べることにどん欲な台湾人が並ぶのだもの、とんでもないおいしさに出合えそうな気がしませんか？

NO.6
SHIDA YESHI

並んでも食べたい 師大滷味

台湾の街を歩いていると肉、魚、練り物、野菜、食材をずらりと並べた屋台を目にします。看板には「滷味」「鹽水雞」「鹽酥雞」のどれかが。これらの店はすべて、具を自分で選んでカゴやザルに入れスタッフに渡し、調理してもらう料理。「滷味」はしょうゆ味で煮るもの、「鹽水雞」は塩味で煮る鶏専門店、「鹽酥雞」は揚げて胡椒などで味付けます。店によって味付けが違い、これは頼んでみて自分の好みを探すしかありませんが、やはり人で賑わっている店は間違いがありません。ただ人気店だともたもたしていると怒られちゃうので気合が必要。外食続きは野菜不足になりがちです。私は野菜が食べたくなると、これらを利用します。

龍泉街のセブンイレブンの隣にある師大夜市の行列店「燈籠」(★3)は、2階でゆっくり食べられる点も魅力の滷味。まず、カゴとトングを手にします。2階に通じる階段側から並びつつ具をチョイス。具を選び終わったら向かって右端にいるおばちゃんにカゴごと渡します。おばちゃんが具を食べやすいように切ってくれて隣のおじちゃんにカゴをパス。このとき、袋入り麺類はおばちゃんがちゃんと袋から出してくれるので心配しないで。おじちゃんが3つの煮ザルを駆使して次々に具を煮込み、仕上げに花椒などで風味をつけてフィニッシュ。皿に盛って手渡してくれるのですが、これがまたどんなに混雑していても間違えない。まさに職人技ですね。ここの滷味は煮込み具合、味付けがほどよく、白いごはんがほしくなる味。でも他店の味が楽しめなくなるので要注意!

ONE
壹

まずはカゴに好みの具を入れて

カゴごとおばちゃんに渡すと具をカットしてくれて

TWO
貳

THREE
參

おじちゃんがチャッチャと煮て

FOUR
肆

さっとスパイスで味付けて

FIVE
伍

できあがり！ あー、白いごはん〜っ！

このページの写真はすべて
★3のものです

腸詰。レモン味など粉末状の風味をつけられる店も P89 ★5

師大夜市「藍家」の割包。
干豆腐と香菜がアクセントに★4

あぁ、アヒルさんが…… P114 ★8

台中の「一中豪雞排」で「顔より大きいでしょ」P94 ★4

NO.6
SHIDA YESHI

目にするだけで「あぁ、台湾！」な味

　飲食店に入ってしまうとここが台湾なのか日本なのか、はたまたどこかアジアの街なのか、わからないことがありますが、夜市の景観はまさに台湾！　そんな夜市で毎夜つくられるグルメの中でも台湾らしいものって何でしょう？

　どこでも見かける腸詰、ソーセージ（香腸）ですが、ドイツのそれとは似て非なるもの。中華料理のエッセンスをすべて詰めた味がします。アヒル肉専門の滷水雞屋さんの前を通ればアヒルの頭が

饒河街観光夜市入口の胡椒餅。いつも大行列です P34 ★9

茶葉としょうゆで煮込んだ煮玉子★5

饒河街観光夜市の「黄金蝦球」鳳梨蝦 P35 ★10

並んでいたり。あぁ、これも台湾。炸雞、いわゆるフライドチキンですが、屋台のものは人の顔以上の大きさ。なんでこんなに巨大にしたのか、台湾らしいなぁ。胡椒餅や生煎包、水煎包など、包子系スナック、これらも日本じゃあまり見かけません。夜市や屋台だけでなくコンビニにもある煮玉子。しっかり茶色く煮込まれて、これ日本のコンビニでも売ればいいのに。パイナップルとエビを炒めた鳳梨蝦。この組合わせに、上にかかった甘いマヨネーズのようなソース。う〜ん、デンジャラス。これも台湾っぽいよねぇ。そうそう、しょうゆで煮込んだお肉ぎっしりの台湾風ハンバーガー、割包も日本にはないなぁ……きりがありません……。

漢字表記だと意味がなんとなくわかります P131 ★10

デトックス作用があるという冬瓜茶★6

苦茶は新陳代謝を促すそうです P26 ★16

杏仁ジュースならぬ杏仁茶 P107 ★12

台湾に来たらペットボトル
お茶は NG P131 ★11

エスプレッソマシンで煎れた
凍頂烏龍茶 P131 ★10

NO.6

SHIDA YESHI

食事の後は
お茶でさっぱり

烏龍茶といえば台湾が浮かびますが、日本と同じ若いコたちは茶器で煎れるなんてことはしていません。でもやっぱりお茶の国なんですね。ジュースと同じく、夜市や屋台のお茶屋さんはとにかく種類が多い。単なるアイスティだって、烏龍茶、緑茶、プーアル茶、東方美人……と多々。さらにこれらにミルクを入れたミルクティだってその数だけあります。はじめてプーアルアイスミルクティを見たときは、げげっと思いましたが、飲んでみるとミルクがプーアルの苦みを調和させ意外やおいしい。

先日、台東・星期天夜市でエスプレッソマシンでお茶を抽出するお茶専門バンを見かけました。凍頂烏龍茶はもちろんのこと、高山茶、阿里山茶、文山包種茶、台湾龍井茶、最近人気の日月潭紅茶などなど、ガラスの茶筒を並べていて、お茶好きにはたまりません。凍頂烏龍茶のアイスを頼んだら抽出したあと、たっぷりの氷を使って急激に冷やしてくれました。香りがしっかり残っていて好喝！このバンスタイルの屋台、日本にも出店してほしい。

そのほか漢方茶である苦茶や青草茶、冬瓜を煮詰めた冬瓜茶、杏仁豆腐のジュース版杏仁茶などなど。そうそう、専門店では油切茶なるものもありました。油切とはなんぞや!?　筆談でいろいろ聞いたのですが、「痩身の漢方だ」以上は教えてくれません。味はちょ～酸っぱい。本当にダイエットになるのかな。またまた謎なグルメを発見したようです。茶器を使わずとも台湾はお茶天国でございます。

朝市

朝市の話　2

これを食べなきゃ台湾の１日ははじまりません

台湾のお母さんは朝ごはんを作らなくても怒られないそうです。母親も外で働くのは当たり前なので、朝食を作る必要はなし。朝食時から外食が普通なのです。どの街でも見つけやすいのは豆漿屋さん。日本の豆乳を薄くしたような味で、スープ感覚でいただきます。小麦粉を練って作った棒状の生地を油で揚げた油條を、ちぎって入れたり浸して食べるといかにも台湾ツウ。お粥屋さんでは、数十種類から選んだ３～４種のお惣菜とともにいただきます。そうそう、日本では点心メニューに出てくる大根餅（蘿蔔糕）も朝ごはん。食都、台湾は、朝からごちそうを楽しみます。

高雄で食べた大根餅

白粥にぴったりなお惣菜たち

永春市場の永吉公園近くの永和豆漿の油條と豆漿

占い　人生に悩んだら、華西街観光夜市で占いを

華西街観光夜市に行くには、MRT 板南線龍山寺駅が便利。この駅、さすが、異色の夜市の最寄り駅だけある、と妙な感心をしてしまったのが、駅地下街で営業する占いブース。10 軒ほどのブースが並んでいて、いくつか「日本語 OK」の看板を掲げています。台湾人の間で有名な占い師、小孔明先生のブースもあり。この方、ご夫婦で営業していて、「日本語 OK」と書いているのですが、残念ながらカタコトです。でも占いで聞きたいことってなんとなく想像できるので、筆談で十分。「日本語で」と頼むと奥様がみてくれますが、機嫌がよかったり暇だったりするとご主人もみてくれたりして、同じ金額で 2 人からアドバイスもらえたりしちゃいます。太っ腹（笑）。では、当たるのか？　ここが重要ですが、台北出身の友達と一緒に占ってもらったところ、彼女は占いの結果通り、現在新しい彼とラブラブな状況です。私は、確かに仕事関係は占い通り。うーん、でも私が当たってほしいのはそこじゃないんだけどなぁ。人生、そううまくはいかないですねぇ。

2 章

北・中部的夜市

台北から電車で一時間内の
北・中部を代表する街、基隆や淡水、
台中の夜市をご紹介。
同じ一時間圏内、同じ夜市ながら、
まったく異なる雰囲気を楽しめます。

中・北部全景

基隆・廟口夜市

淡水周辺

台中・逢甲夜市

淡水
基隆
台北
台中
花蓮

MAP

Keelung Miaokou Yeshi

基隆・廟口夜市

アクセス ※ 台北駅より台鉄に乗り基隆駅下車、徒歩約12分

台湾を代表する港町。日本統治期は石炭の積み出し港としても栄え、終戦後、日本人の引き揚げ船が出たのもここ。そのためか、たいていのホテルには日本語表記の夜市マップがあります。

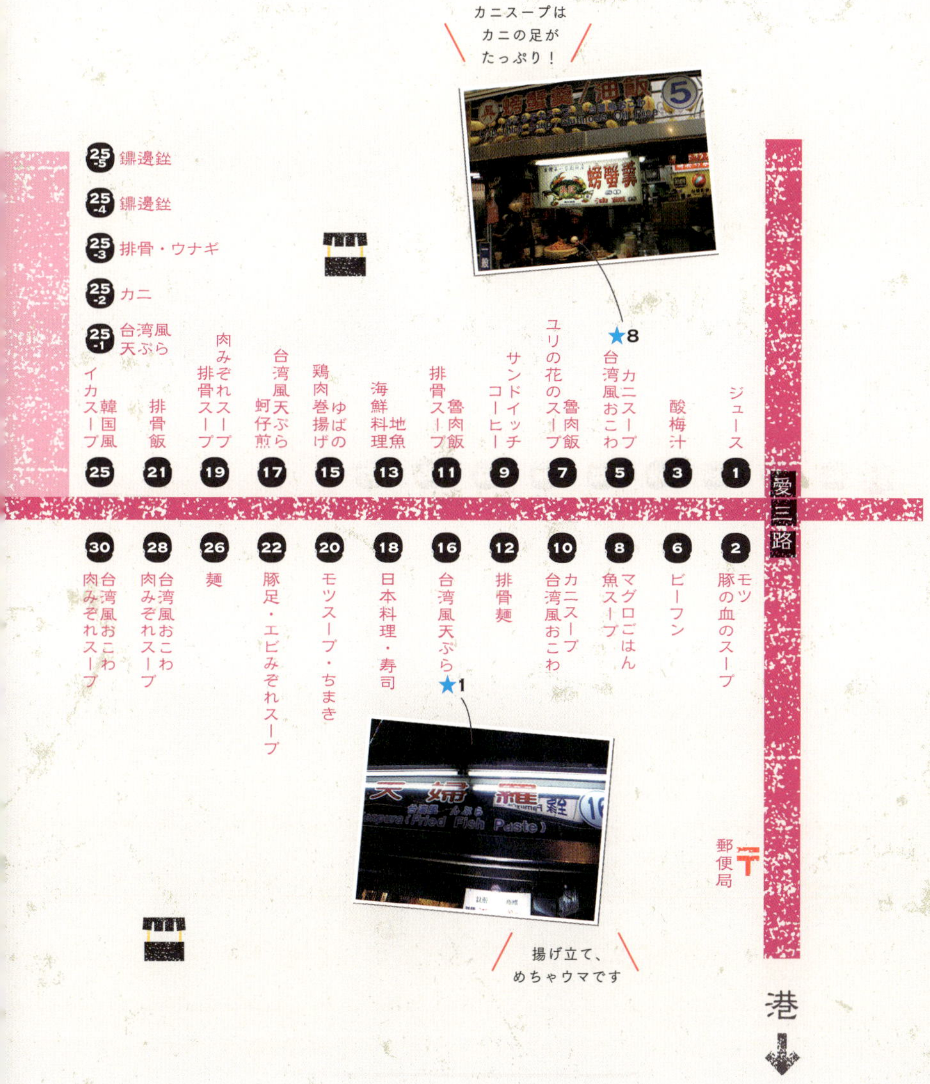

天婦羅1皿30元。浅漬けキュウリと一緒に

スタッフが手際よく揚げていきます

NO.7
KEELUNG MIAOKOU YESHI

発祥グルメの宝庫、基隆！

台北駅からたった50分ほど電車に揺られるだけで、台北とは違った台湾を楽しめる、それが基隆。駅を降り立つと、目の前には豪華客船が浮かんだ大きな港、幅の広い道路、山にはアメリカのハリウッドのように「KEELUNG」の文字。すべてが大きく開放感があり、住む人々の気質もおおらか。残念なのは雨が多いんですね。何度か訪れていますが、すべて雨。小糖雨が続き常に霧がかかっている感じ。でもそれが港町の基隆にはよく似合っています。夜市に出店している店舗は看板に番号が振ってあって、非常にわかりやすく観光客には便利。そんな基隆を訪れたら必食す

人気店なので揚げても揚げてもすぐ空に

ほら、ちょっとイケメンでしょ？

べきは天婦羅です。日本でいうさつま揚げですね。扱う店はいくつかあるけれど、「16番」の店舗の天婦羅は（★1）目の前で生地を練って揚げてくれるので、できたてアツアツが楽しめます。この店はサメ肉のみを使ってプリプリの食感が美味。甘酸っぱいソースがまた台湾らしい味に。またこの店は日本語が話せる唯一のスタッフがけっこうイケメンです。彼が一生懸命カタコト日本語で相手してくれるのも心がほんわかします。って、私だけ!?

「58番」（★2）の營養三明治（栄養サンドイッチ）、これも食べてほしい逸品。揚げパンに白いソースをたっぷり塗ってトマトやキュウリ、ゆで卵を挟んだもので、あるガイドブックではこの白いソースを「甘めのマヨネーズ」と表しています。がっ！　マヨネーズとは似て非なるもの、甘過ぎる中にほのかに酸味、しかもソースじゃなくてクリームでしょ。台湾の人はなんでこんなに甘いものが好きなんでしょうか!?　甘い惣菜が苦手な私は納

このページの写真はすべて★1のものです

「沈家泡泡冰」の泡泡冰。
サモ・●ン・キンポーもファン!?★3

見るからにボリューミィな營養三明治 55 元★2

得いかないのですが、でもこの味、なーんかクセになるんですよねぇ。揚げたてアツアツのときもおいしいのですが、翌朝ホテルですっかり冷えてクリームが染み込んだ揚げパンを朝ごはん代わりに頬張るのもオツ。確かにひとつでおなかいっぱいになり、「栄養」のネーミングにもうなずけます。

鼎邊銼も忘れちゃいけません。もともとは鍋に米で作った薄く平たいラザニアのような麺を張り付けて、中のスープに落ちたら食べごろという屋台料理。三代続く老舗「27-2 番・百年呉家鼎邊銼」(★4) の味は、セロリの風味たっぷりの魚だしスープに透明でつるんぷりんとした米麺が入って好吃！　これぞ、QQ です。

チョキチョキ切っているのが鐤邊銼の米麺★4

「百年呉家鐤邊銼」の 鐤邊銼、50元★4

甘いものは別バラ、〆には基隆名物、「37番・沈家泡泡冰」（★3）の泡泡冰を。スムージーを硬めにしたシャーベットドリンクといったところでしょうか。メロン、オレンジ、チョコ、ゴマ……たくさんの種類がありますが、店＆私のおすすめは花生（ピーナツ）味。台湾のかき氷同様、なめらかな舌触りで喉を潤してくれます。

これら天婦羅、營養三明治、鐤邊銼、泡泡冰は何がすごいって味はもちろんですが、基隆名物だけでなく基隆発祥グルメなのだ。ほかの夜市でも見かけますが、どうせなら発祥の地でガブリといっちゃって。そして基隆処女《バージン》に、どんなにおいしいかを自慢をするのです。

MAP
台湾夜市 DANSHUI TAIWAN 淡水周辺

Danshui

淡水周辺

アクセス ※ MRT 淡水線淡水駅より徒歩約３分

淡水は夕暮れからがロマンチック。川沿い、近くの商店街夜市、駅より内陸側の夜市など、にぎやかな場所はたくさんありますが、今回は川沿いとその近くの商店街を紹介します。

mapA
淡水駅
原住民音楽の CD もあります
交渉すればまけてくれます
お餅だから日式……？
ここの阿給はソースがあっさり。日本人には食べやすいです
懐かしい味わい。お土産におすすめ
手が止まらないスナック
春はグァバが勢揃い
水餃子も肉汁たっぷりでおすすめ
黒卵
スターバックス
日式エビ巻き・アメリカンドッグ
原住民アクセサリー・雑貨
サトウキビジュース
帽子
コンドーム
アイスティ
下着
ゲーム
炸榴槤
愛玉
地瓜球
捜奇博物館
イカ焼き
臭豆腐
イカ焼き
イカ焼き
エビ巻き
ポーチ・かばん（工藝坊絲綢包）
臭豆腐
あめがけフルーツ
ゲーム
日式お餅
ドライフルーツ
杏仁茶
ジュース
花枝丸
エビ巻き
19元ショップ
雑貨
阿給
★3
阿給
アイスティ
メンズチャイナ服
水風船ゲーム
あめ
★6
ゲーム
豆花（彩圓）
きのこ焼き
イカ焼き
黒糖蒸しパン
黒糖麻糬
かばん
ポテト
かばん
★5
ストッキング・ソーセージ
葱餅
エビ餅
黒卵
果物
お土産
Tシャツ
炸雞・豚
ソーセージ
台湾風人形焼
葱餅
石・玉
エビ煎餅
おこし
★4
魯肉飯・スープ
炸雞
アイスクリーム
生ジュース
時計
台湾風ビーフジャーキー
茶梅・スープ・麺
雑貨・クラフト
阿給
数珠
ヘアアクセサリー
雑貨
杏仁茶
煎餅
臭豆腐
木工クラフト
不思議グッズ
おこし
セブンイレブン
帽子
チャイナ風ファッション（東昇記絲綢服飾行）
黒卵・月餅
お土産
かばん
茶梅
猪血糕
あめがけフルーツ
月餅・お土産
杏仁茶・杏仁豆腐
雑貨
雑貨
雑貨
ゲーム
豆花
BIRKENSTOCK
かばん
あめ
靴
お菓子・黒糖
豆
茶梅
黒糖蒸しパン
サドル・作業服
たこ焼き
あめ
下着
チャイナテイストのワンピやミュールあり
お茶うけにぴったり

NO.8
DANSHUI

想像を超える味、アゲとエビ巻き

「淡水に行くなら絶対食べて」と台北っコの友達に念を押されるほどのグルメ、淡水名物、阿給（アゲ）と蝦巻（エビ巻き）。まず阿給。なんすか、これ……!?　茶色いこぶし大の塊に赤いソースがかかっています。箸で割ってみると中からビーフンが。周囲は厚めの油揚げで、ビーフンと一緒に甘辛いタレに絡めていただけば、見た目より断然美味。聞けば日本統治期豆腐屋さんが多かった淡水で、戦後かき氷屋のおばあちゃんが油揚げにビーフンを詰めて煮込んだら大ヒットとなったとか。店によりかなり味に違いがありますが、台湾人の好みは甘みの強いソースをかける船着き場近くの「正宗阿給老店」（★1）のよう。個人的には商店街の中央辺りの、さっぱりしたしょうゆ味で煮込んだ阿給（★3）が好き。

エビ巻きは餃子の皮でエビのミンチを巻いたスナック。さぞおいしかろうと揚げたてをパクリ……!?　ぜーんぜんエビの味がしません。なんで!?　何軒か食べ比べてみたのですが、あまり大差はありません。あとで食べろと言った張本人に聞くと「おいしくないでしょ」っておいおい。台湾のエビ巻きには淡水のようなスタイルと、エビのすり身を棒状にして揚げた南部式があり、淡水のそれはエビの肉がちょびーっとで周囲のパリッとした皮を楽しむもののようです。後日、台南で食べたエビ巻きのうまいことといったら！　ぷりっとジューシーで、何本もイケちゃいます。うーん、確かに両方知ってたほうがおもしろいかも。私の友達は親切なのか、それとも……!?

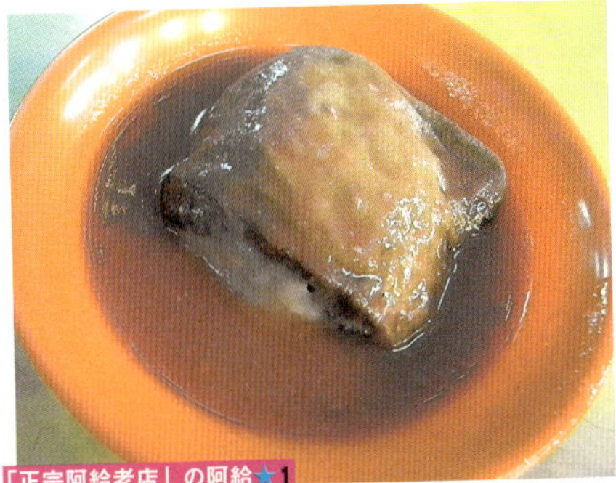

「正宗阿給老店」の阿給★1

割ってみると、こんな感じ★1

花蓮のエビ巻き。思い出すとよだれが…… P137 ★6

淡水のエビ巻き1本15元。話のネタに★2

NO.8
DANSHUI

淡水へは
一人で行ってはいけません

淡水河の河口に位置する淡水は台北駅からMRTで40分ほどのアクセスのよさと、おしゃれなカフェが多いことから台北っコに大人気のスポット。なんといっても最大の魅力は、河口を臨む景観。整備された川沿いは、川風を心地よく受けながらぶらぶら歩くのにおすすめ。日中は対岸の山と川沿いの近代的なビルとのコントラストの妙、太陽が西へ姿を消す頃にはロマンチックな雰囲気を楽しめます。川辺や商店街の屋台のハシゴもありですが、センスのよいカフェでお茶するのも台北っコっぽくて◎。船着き場から出る遊覧船で対岸の八里郷へ向かえば、ちょっとした船旅気分を味わうこともできます。内陸側にはレトロな建物、紅毛城が。1629年にスペイン人が築いた城で、後にイギリス領事館として使用された建物です。ノスタルジーあふれる建造物に触れたあとは、高台に建つ城からの夕陽も堪能すべき。……と、書いていて嫌になるほど、カップル向けの観光地なんですね。

夕暮れ時になるとわんさかカップルが現れて、たいてい男性がカメラを構えて彼女の写真をパシャパシャ撮る姿を楽しめます……って全然楽しくないっ。それにしても台湾の男性は本当に女性にやさしい。荷物を持ってあげるのは当たり前、写真撮影は当然のこと、喉が渇いたといえばジュースを買いに走るし、感心します。これが若者だけじゃないのですよ。おじさんおばさん、おじいちゃんおばあちゃんも同じなのです。うざいやらうらやましいやら、一人旅の淡水は複雑な気分になること、保証します。

ほら、この景色、“台湾のベニス”でしょ？

2人で携帯メールのチェック、どこも同じですねぇ

ワンコまでカップルです

何枚撮っているのかチェックさせてくれ！

美しい夕陽を眺めにぜひカップルでどうぞ

MAP

Taichung Fengjia Yeshi

台中・逢甲夜市

アクセス※ 台鉄台中駅よりバスで逢甲大学下車すぐ。
駅からもホテル街からも離れているので、
タクシーをおすすめします。駅からタクシーで約10分。

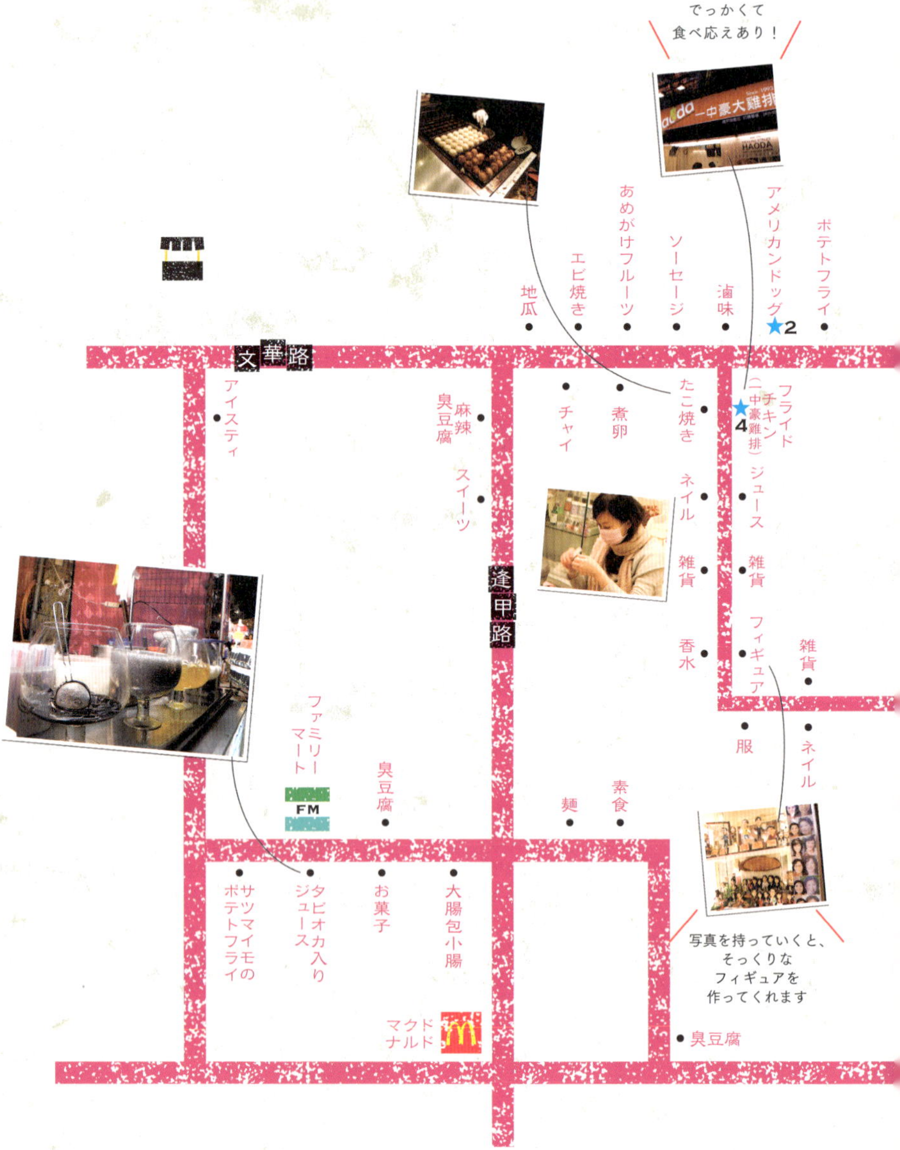

台湾第三の都市、台中は、凍頂烏龍茶の産地である鹿谷や風光明媚な日月潭等の観光の拠点でもあります。逢甲大学近くの逢甲夜市は利用者の若者率が高く、服や雑貨も豊富です。

NO.9
TAICHUNG FENGJIA YESHI

大腸で小腸を包んじゃう!?
大腸包小腸

名前に驚き、オーダーしてそのものに度肝を抜いたスナック、大腸包小腸。大腸で小腸を包んじゃんですよっ。しかもそれが食べ物って、一体、なにものっ！　正体はもち米の腸詰で香腸（ソーセージ）を挟んだもので、日本人には考え付けない屋台グルメでした。まずもち米を腸に入れておこわにするって発想がすごい。この棒状のおこわに切り目を入れて、野菜の漬物などを添えてソーセージを挟んでできあがり。口にすると、油の染み込んだもちもちのもち米に風味豊かな台湾ソーセージが、口中で好吃ハーモニーを奏でます。名前のインパクトを超えるうまさに驚くとともに感動しますよ、これ。どの店もそんなに失敗はないと思いますが、個人的な好みは台中・逢甲夜市の文華路入ってすぐ左にある「大腸包小腸」（★1）の味。シャキシャキのダイコンとキャベツの塩漬け、干豆腐がアクセントになって、かなりのボリュームですが一本ぺろりとイケちゃいます。胡椒、レモン、カレー味など、ソーセージの種類がたくさんあるので選ぶのも楽しいグルメです。

はじめて口にしたときに、袋から出して食べようとしたら、「違う違う」との声とともに、スタッフがお尻のほうの包装紙をねじる真似をします。試してみると、あら不思議。中味がゆっくり出てきました。油紙を使用しているから、お尻のほうをねじれば中味が押し出されて、手を汚さずに最後まで食べられるんですね。テイクアウト文化の発達した台湾ならではのアイデア包装。味とともに尊敬です。

もち米の腸詰を切って塩漬けダイコンをのせ……

塩漬けキャベツや干豆腐を加えて……

ソーセージをのせてできあがり！

FOUR
肆

魔法の包装紙!? で包んでもらって……

FIVE
伍

お尻をねじっていただきましょう

このページの写真はすべて★1 のものです

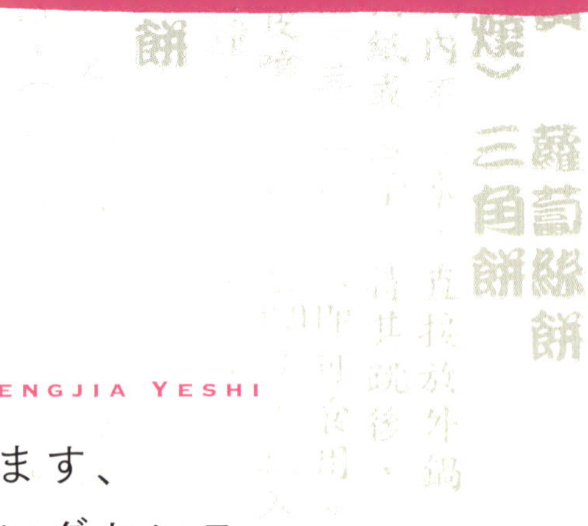

NO.9
TAICHUNG FENGJIA YESHI

まだまだあります、脱帽のネーミングセンス

味を知った今でも目にするたびに「このネーミングはどうなのよっ」とつっこみたくなる大腸包小腸ですが、ほかにもまだまだあるんですね、ぎょっとするネーミング。どこでも見かける「熱狗」。はじめて見たときは、犬の肉を焼いてるのか!?　と思いましが、なんのことはない、ホットドッグ。そのまんまの訳でした。でもこれ、アメリカンドッグでもホットドッグでも、どちらもこの表記なのです。大腸包小腸があるせいか、ソーセージをパンで挟んだホットドッグは扱っている店自体が少なく、「熱狗」と言ったらアメリカンドッグを指すようです。

夜市に一店はあるカエルのイラストと「青蛙下蛋」の看板。これもカエルの卵!?　とぎょっとしました。これはタピオカのスイーツ。まぁ、確かに見た目はそうですが、つけますかねぇ、こんな名前。昔ながらの飴、「龍鬚糖」。これは飴を細い糸状にしてぐるぐる巻いて形にしたもので、なるほどねぇ。トウモロコシは玉米と表現しますが、石焼きトウモロコシになると「石頭玉米」になります。石頭って!?　最初は硬い種類なのか、なんて思いました。かと思えば、あまりひねりのないこんなネーミングも。ほくほくして甘くない栗のような味の菱の実ですが、これは見た目から「菱角」。私の目にはデビルに見えるので、「悪魔豆」とかどうですかねぇ。

ユニークな漢字表記に出合えるのも、漢字の国を旅する醍醐味。うそでしょ〜という名前、探してみてください。

熱狗はアメリカンドッグ★2

しかもリアルなカエルのイラスト……P123 ★5

口に入れるともさもさする龍鬚糖 P89 ★6

龍鬚糖のパッケージ。レトロです P89 ★6

トウモロコシは蒸したものと石焼きがあります P106 ★13

菱角、悪魔な感じがしませんか？ P67 ★11

朝市

朝市の話　3

二日酔いの朝に
じんわりうれしいスープ＆麺

台湾の人は朝から麺類を楽しみます。夜にほぼ見かけないのが涼麺。太目のスープなし麺で、ゴマだれにラー油がかかっていて、この辛さが夜遊びでぼんやりな頭を目覚めさせてくれます。また客家麺の板條も朝市でよく見かける麺。雙連市場の文昌宮の脇を入って右側の食堂の板條は、トッピングの漬物とスープがほどよくマッチ。虱目魚（P134）のスープも朝に食べる機会が多い味。永春市場、虎林街をずっと進んで左側にある食堂の虱目魚肚湯は、飲み過ぎの体に繊細な味がじんわりと広がります。

さぁ、明日の朝食はどれにしましょうか？　今決めておけば、今夜は思いっきり飲めますよ！

だしのきいた虱目魚のつみれスープ

辛さで目が冷める!?　冷麺

つるんもっちりの板條。朝からごちそうです

朝はバナナ、夜は鶏、二毛作屋台

永春市場近くの虎林街を入ってすぐ右側にある屋台。バナナが山になって積まれているのに、看板は「塩水雞」。なんで～!?　おじいちゃん、どうして？　と看板を指さしながら、身振り手振り、筆談で質問したら、この屋台、夜は「塩水雞」屋さんになるそうです。なるほどぉ。もしかして、今はバナナだけど、季節によってはほかのものになるのかな？　「もちろん、Tシャツを売ったこともあるよ」とのこと。ひゃー、たくましい。でも日本人なら看板も変えるよね。質問ついでにすすめられて1/2房購入。あ、もしかして、これが作戦だったのか!?　いえいえ、おじいちゃんの笑顔に惚れたのでOKです。

3 章

南部的夜市

ぐっと南国の雰囲気漂う
台南、高雄、最南端の墾丁の夜市は、
巨大エリアでの開催や、
地の利を生かして魚介類が豊富だったり、
規模も内容もミラクルワールド！

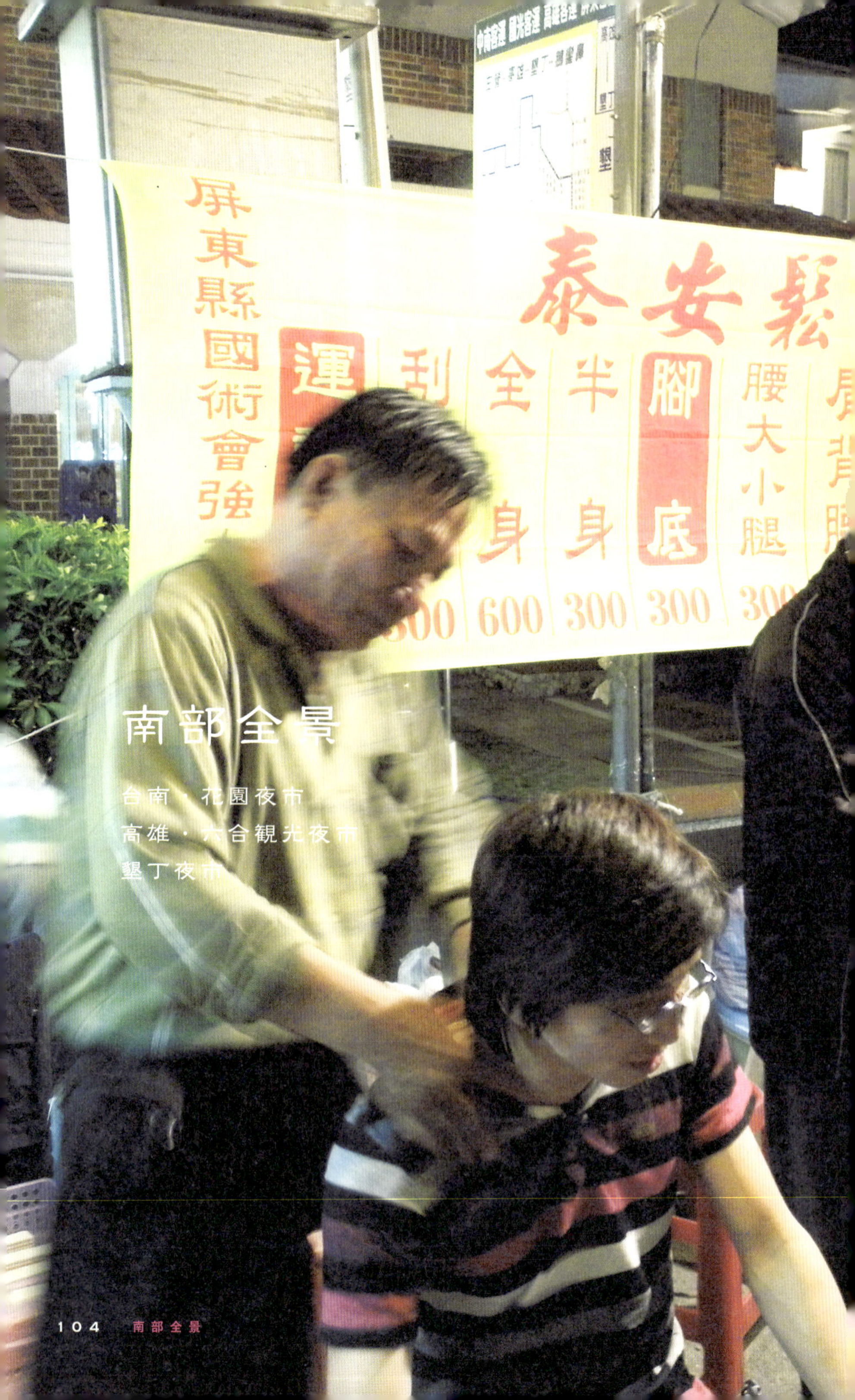

南部全景

台南・花園夜市
高雄・六合觀光夜市
墾丁夜市

台南
台東
高雄
墾丁
推拿
屏東縣骨節整復職業工會
頸肩 100
小腿 100
頭頸肩 200
頸肩手 200
200

MAP
台湾夜市 TAINAN HUAYUAN 台南・花園夜市 TAIWAN

Tainan Huayuan Yeshi

台南・花園夜市

アクセス ※ 台南駅よりタクシーで約10分

もともとは都だった台南は、日本でいえば京都のような場所。美食の町ともされ、中でも食べ物屋台が充実している花園夜市の賑わいは、台北の士林観光夜市に負けてません。木、土、日曜開催。

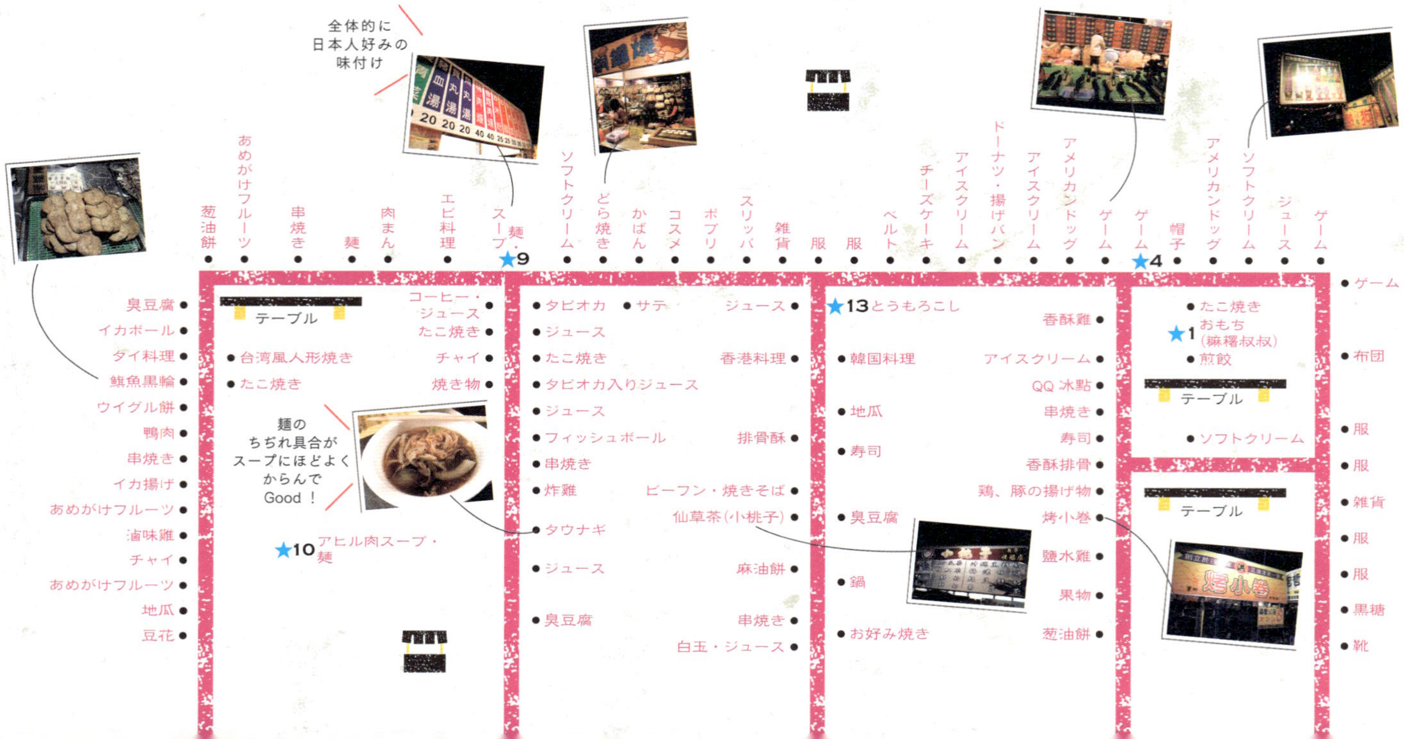

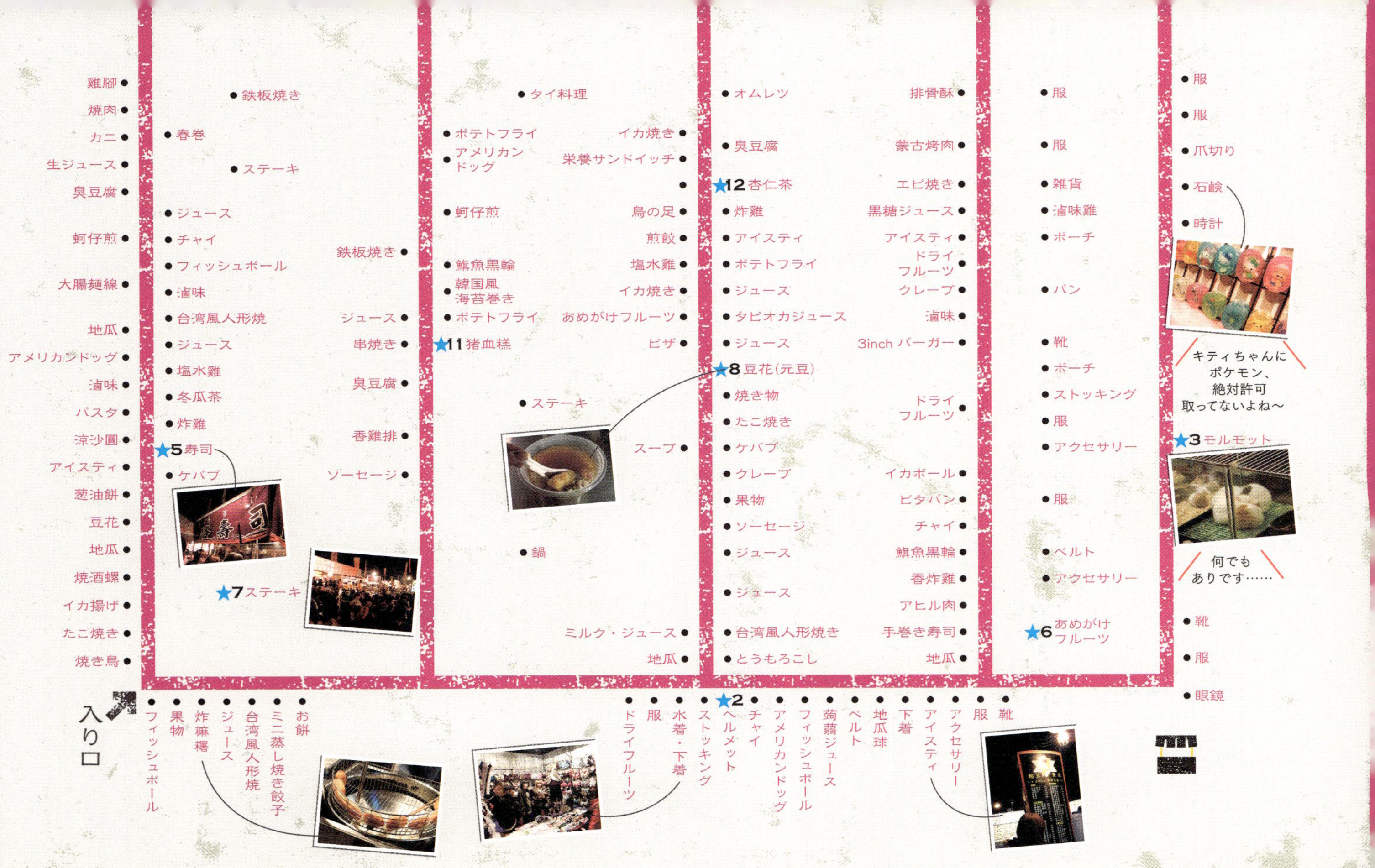

雞腳
焼肉
カニ
生ジュース
臭豆腐
蚵仔煎
大腸麵線
地瓜
アメリカンドッグ
滷味
パスタ
涼沙圓
アイスティ
葱油餅
豆花
地瓜
焼酒螺
イカ揚げ
たこ焼き
焼き鳥
鉄板焼き
春巻
ステーキ
ジュース
チャイ
フィッシュボール
滷味
台湾風人形焼
ジュース
塩水雞
冬瓜茶
炸雞
★5 寿司
ケバブ
★7 ステーキ
鉄板焼き
ジュース
串焼き
臭豆腐
香雞排
ソーセージ
タイ料理
ポテトフライ
アメリカンドッグ
蚵仔煎
鮪魚黒輪
韓国風海苔巻き
ポテトフライ
★11 猪血糕
ステーキ
鍋
イカ焼き
栄養サンドイッチ
鳥の足
煎餃
塩水雞
イカ焼き
あめがけフルーツ
ピザ
スープ
ミルク・ジュース
地瓜
オムレツ
臭豆腐
★12 杏仁茶
炸雞
アイスティ
ポテトフライ
ジュース
タピオカジュース
ジュース
★8 豆花(元豆)
焼き物
たこ焼き
ケバブ
クレープ
果物
ソーセージ
ジュース
ジュース
台湾風人形焼き
とうもろこし
排骨酥
蒙古烤肉
エビ焼き
黒糖ジュース
アイスティ
ドライフルーツ
クレープ
滷味
3inch バーガー
ドライフルーツ
イカボール
ピタパン
チャイ
鮪魚黒輪
香炸雞
アヒル肉
手巻き寿司
地瓜
服
服
雑貨
滷味雞
ポーチ
パン
靴
ポーチ
ストッキング
服
アクセサリー
服
ベルト
アクセサリー
★6 あめがけフルーツ
服
服
爪切り
石鹸
時計
キティちゃんにポケモン、絶対許可取ってないよね～
★3 モルモット
何でもありです……
靴
服
眼鏡
入り口
フィッシュボール
果物
炸麻糬
ジュース
台湾風人形焼
ミニ蒸し焼き餃子
お餅
ドライフルーツ
服
水着・下着
ストッキング
★2 ヘルメット
チャイ
アメリカンドッグ
フィッシュボール
蒟蒻ジュース
ベルト
地瓜球
下着
アイスティ
アクセサリー
服
靴

NO.10
TAINAN HUAYUAN YESHI

もち職人に寿司屋台、ヘルメットまで！　不夜城夜市

　不夜城のように暗闇で輝くエリア、これが広大な空き地を利用した台南・花園夜市です。巨大なだけでなく内容もこれまたすごい。日本では目にすることのない青空ステーキ屋、鍋屋なんて序の口。青空寿司バイキングや、日本の大福に近い麻糬は目の前で作るので、職人技まで見られちゃう。イチゴ大福なんて、あっという間に完成します。ファッションの類も充実。Tシャツ、靴下、かばんにベルト、つけまつ毛、エクステなんて当たり前、ランジェ

ヘルメット、大丈夫でしょうか!?★2／ペットショップは子供たちに大人気★3／テーブルゲームのお相手はきれいなおネエさん★4

職人が作る糠糬は餡が
日本の大福よりももそもそした食感★1

リーに水着、ヘルメットまである。屋台で売っているものって、安全性は確かなのか……!?　ウサギやモルモットなど生き物のほか、輪投げや射的などのゲームも盛りだくさん。なるほど、と思うのはゲームのスタッフはたいてい若い女性。とくに将棋やマージャン、カード系のゲームは目の前で女性が相手をしてくれるので、おじさんたちがむらがっていました。注意すべきは開催日は木、土、日曜のみ。いつでもこの光景が見られるわけではないのが残念な点。でもこれ、毎日開催していたら、体もたないよねぇ。

これが南国の寿司のバイキングだ!★5 ／フルーツの飴がけ。南下するとゴージャスに★6 ／青空ステーキ屋さん。気持ちいいだろうなぁ★7

NO.10
TAINAN HUAYUAN YESHI

南下すると、トロツルスイーツがほしくなりませんか？

日本でも台湾でもハワイでも、暑いと甘くてとろんつるんとしたスイーツを口にしたくなりませんか？　疲れているときは体が甘いものを欲っするといいますが、南の気候になれていない日本人は暑いだけで疲れると思うのです。だから南下するごとに、甘くてあまり歯を使わずつるんと喉を通るスイーツを無性に食べたくなります。

台湾はトロツルスイーツの宝庫なので、見つけるのに苦労することはないのですが、逆にどれにしようか選ばなければならないところが難点。ハーブの香りの仙草ゼリーにレモンがさわやか愛玉、豆腐のプリンのような豆花、台湾風お汁粉の紅豆湯、杏仁豆腐……うーん、どれにしよう。悩まなきゃいけないところが悩みの種!?　トロツルというと冷たいものを想像しがちですが、台湾にいると暑いときでもなぜかホットのお汁粉や豆花を体が欲っします。これ、なんででしょう？　疲れているときにおすすめなのが焼仙草。豆や甘く煮たイモ、ピーナツなどの上に熱い液体を注ぎます。冷えてくるとすぐにゼリー状になりどろどろになって、喉にいい感じで通るのです。甘酒に白玉を浮かべた酒釀小湯圓もおすすめ。麹の香りが元気をくれる気がします。

一つひとつ考えると、屋台で口にできるスイーツは科学的なものや添加物不使用で、豆や薬草、麹など、体にいいものばかりかも。だから疲れているときに欲しくなるのでしょうか。台湾のスイーツを食べていると太る気がしない理由も、その辺りにあるのかもしれません。

豆花や仙草ゼリーは具を選べます P67 ★12

焼仙草。ほんのりハーブの香りがクセに P67 ★12

花生湯。訳すとピーナツスープ★8

きーんと冷やした愛玉は暑さを忘れさせます P15 ★15

お粥が甘い !?、米糕粥 P67 ★12

白玉入り甘酒、甘酒酒釀小湯圓 P56 ★5

Kaohsiung Liuhe Yeshi

高雄・六合観光夜市

アクセス※MRT紅線美麗島駅より徒歩約1分

まるでクラブのDJのようなトークで客を呼び込むお兄さんが人気

淡白で上品な味わいの高級魚、大石斑

NO.11 KAOHSIUNG LIUHE

初恋の味、情人果

情人果。情人は台湾語で恋人。恋人の果物!?　カットされた黄緑色の果物についたこの名前を見たとき、私の頭の中は??? 高雄の友達に聞くと、とにかく食べろと購入してくれました。ひと口食べるとシャキシャキした食感と独特な甘酸っぱさが口中に広がります。そして友達がひと言「ね？ 初恋の味がするでしょ？」。……再びネーミングセンスに脱力。これ、まだ熟す前の若いマンゴーに砂糖と梅の粉をまぶしたもので、春先になると姿を現します。日本なら熟す前にわざわざ加工してまで食べないと思うのですが、そこはグルメな台湾人。かないませんねぇ。

台北とともに高鉄（台湾新幹線）の起点であり、台湾で２番目の地下鉄が開通した台湾第二の都市。南部最大の港町だけあって、夜市では海鮮料理や果物のお店をよく目にします。

雑貨・台湾風バーガー・蚵仔煎・あめ・海鮮料理・スイーツ・四神湯・台湾風おこわ・臭豆腐・靴・滷水雞・カニ・串焼き・雑貨・タイ料理

まだまだ続くよ！

テーブル

服・生ジュース・かばん・イカ・靴・眼鏡・ドライフルーツ・靴・アヒル肉・鱔魚意麺・海鮮料理・お茶

情人果。青くても食べられるんですね★1

南国高雄は上質の果物が手に入ることでも有名★2

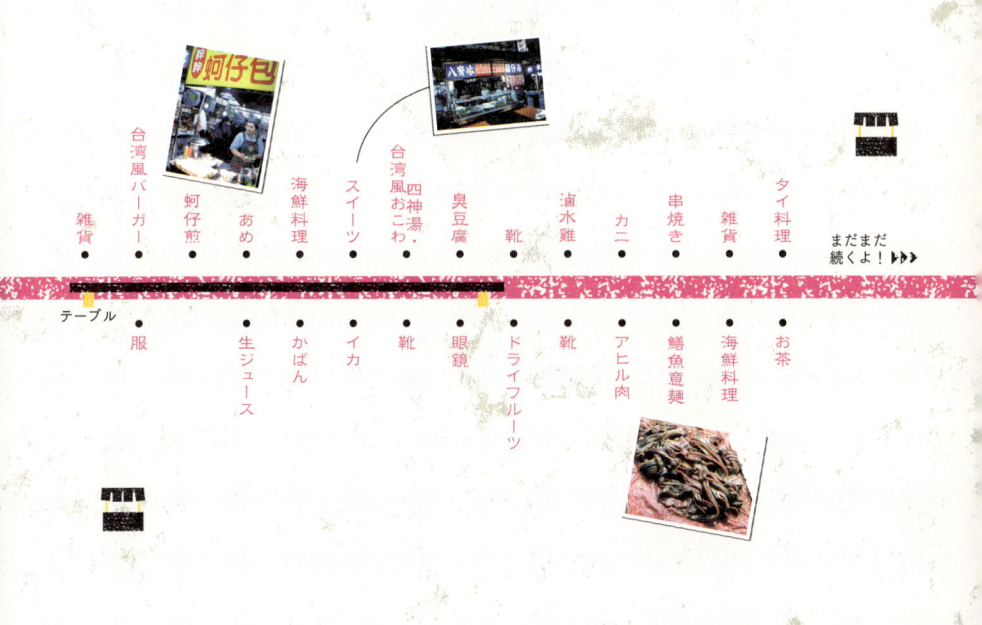

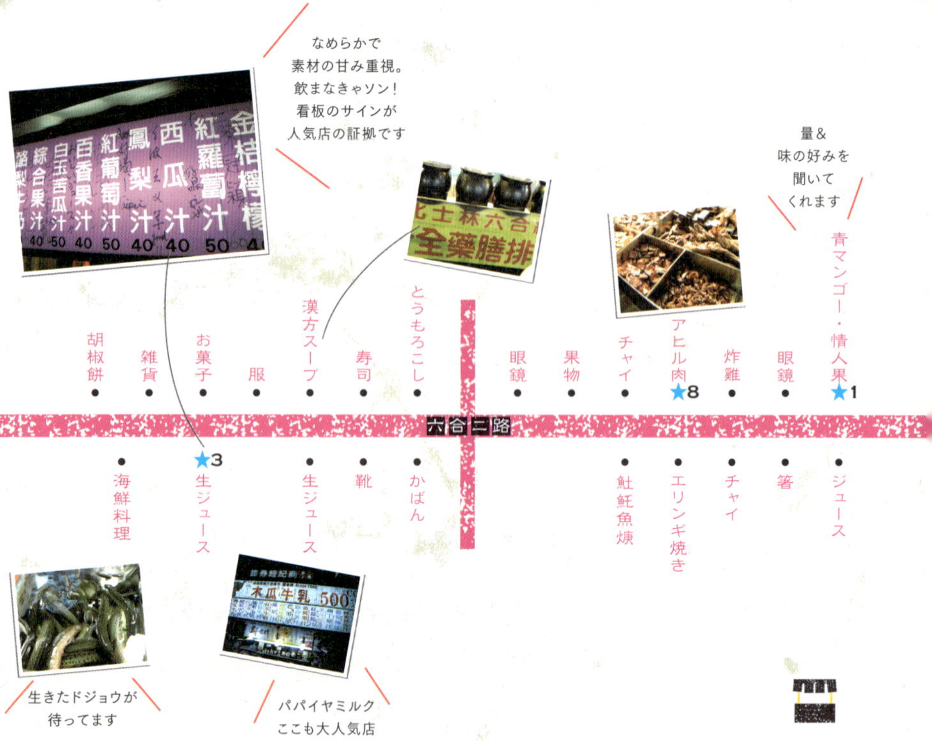

NO.11
KAOHSIUNG LIUHE

パパイヤミルクを飲まずして高雄を語るなかれ

木瓜牛乳（パパイヤミルク）は高雄が発祥。どこで頼んでも失敗はありませんが、私は六合観光夜市の真ん中辺りにある店（★3）の味が好き。甘みの強いパパイヤと高脂肪フレッシュミルクをふんだんに使っていて、配分も申し分なし。なめらかで好喝！　しかもここのおじさん、笑顔がとってもキュートなのです。店の屋根に掲げたメニューが、著名人のサインで埋められているのもおすすめの証拠。ぜひチェーン店と飲み比べてみてください。

高雄・六合観光夜市

子どもの
お土産に

まだまだ
続くよ！▶▶▶

- 服
- カニ・イカ
- チャイナ服
- 服
- 蚵仔煎
- 臭豆腐
- エビ
- イカボール
- ジュース
- 杏仁ジュース
- 服
- アメリカンドッグ

- サトウキビジュース
- 鉄板焼き
- 担仔麺
- 石・玉
- お茶
- 肉圓・割包
- 棺材板
- 羊肉
- ジュース
- 栄養サンドイッチ
- 春巻き

この自慢そうな笑顔！　いいですねぇ★3

完熟パパイヤをたっぷり使用★3

担仔麺屋さんは
たいてい提灯が
下がってます

エビ・アサリ
服
担仔麺
焼肉
チーズ・イモ餅
胡椒餅
服
担仔麺
魟魠魚焿・竹筒飯
タウナギ★6
蚵仔煎

六合二路

たこ焼き
担仔麺
蚵仔煎
アクセサリー
どら焼き
チーズケーキ
トルコアイス
ひと口餃子
焼肉
おもちゃ
蚵仔煎

いいのか……!?

セロリが隠し味になるほど濃厚なだしの海鮮粥★4

魚介類を自ら選んで調理してもらう店が多い★4

高雄・六合観光夜市

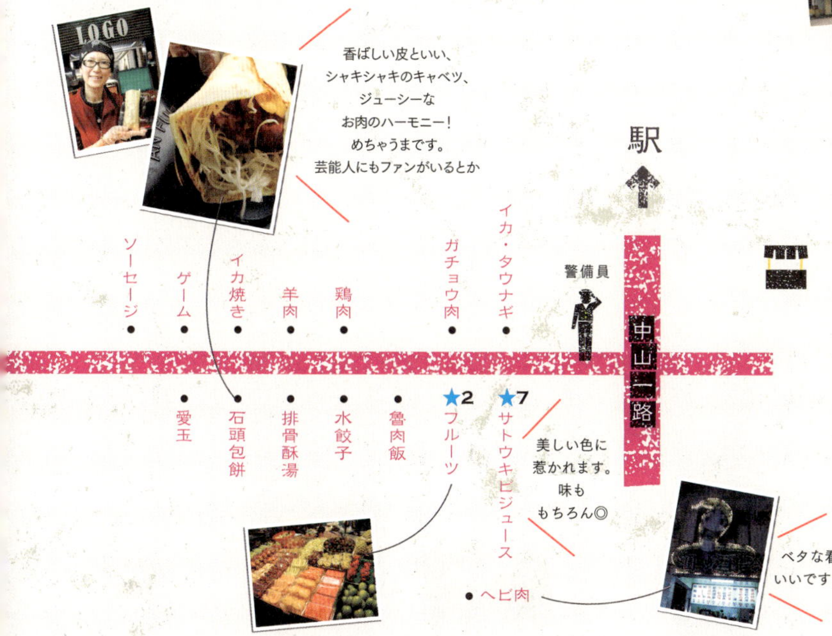

ベタな看板が
いいですねぇ〜

NO.11
KAOHSIUNG LIUHE

この海鮮粥のために
新幹線に飛び乗りました

　南部最大の港町だけに、海鮮料理店がひしめく六合観光夜市。でもそれらが色あせてしまうほどの逸品。それが、海鮮粥。細い路地から入って左にある「六合海産粥荘」（★4）の海鮮粥は、ショウガがきいた、有頭エビ、イカ、カニ、アサリ、カキがごろごろ入った濃厚なスープが自慢で、周囲に人さえいなければ皿までなめたいほどうまいっ！　これで90元という価格も立派。高雄を旅してこの味体験せずに帰ったら、人生の半分損しますよっ！

MAP

Kending Yeshi

墾丁夜市

アクセス※ 台鉄高雄駅、高鉄左營駅よりバスでホテル街へ約 3 時間。毎日 10 ～ 15 分間隔で運行しています。また、台鉄枋寮駅よりバスでホテル街へ約 1 時間 30 分。ホテルの間の道沿いで開催

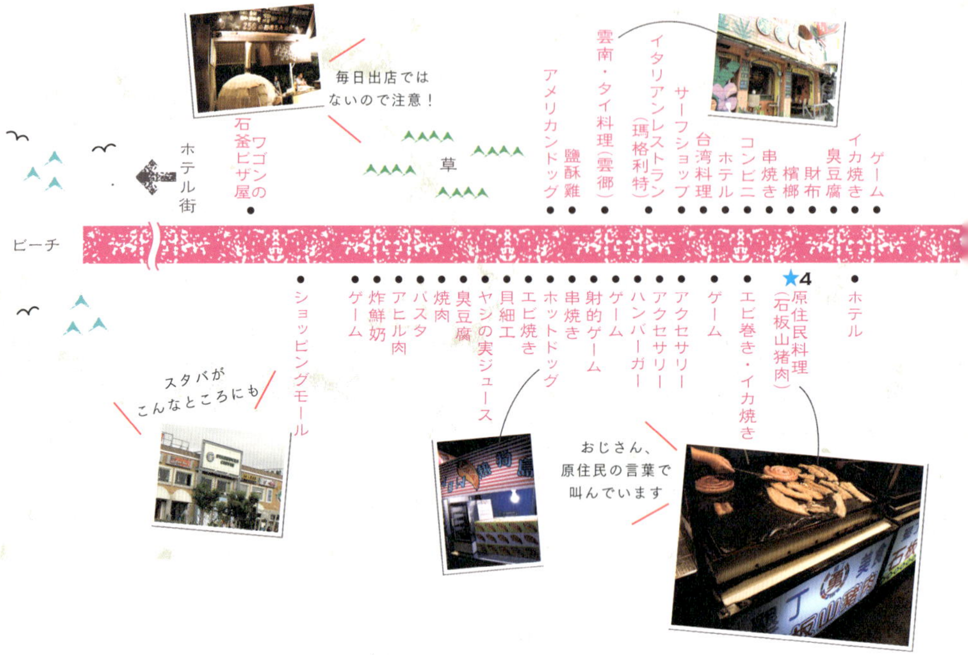

ハワイと同じくマリンスポーツも盛んです

台湾とは思えない景色でしょ？

台湾の最南端、墾丁は、台湾のイメージを覆す場所のひとつ。台北っ子の憧れのリゾート地でもあります。夜市では異国の屋台やレストランが多く、ほかのエリアとは違う魅力たっぷり！

ナンプラー風味で
あとひきます！

安いので、
日本で
着られなくても買っ
ちゃいましょう

アワビ茸の
フライ

イカボール・イカフライ・生ジュース・きのこのフライ（杏鮑菇）・臭豆腐・イカ・シジミ・五香毛豆・たこ焼き・ヤシの実ジュース・ワンピース・大阪焼き・麻辣魚蛋・餃子・焼小籠包・原住民料理（現炒）・タイ風エビ料理（沙茶蟹脚）・水風船ゲーム・ホットドッグ・射的ゲーム・ビール瓶釣りゲーム・ゲーム・ゲーム・台風エビ・寿司・臭豆腐・イカ焼き・フルーツ

まだまだ
続くよ！

アイスクリーム・ストラップ・檳榔・タイ料理・小湾旅館・ワンピース・クレープ・ホテル・ビーチサンダル・Tシャツ・あめ・ミサンガ・タイ料理（曼波泰式餐廳）・ビーチサンダル・Tシャツ・ビーチサンダル・Tシャツ・ビーチサンダル・Tシャツ・タイ料理（百沙灘泰式餐廳）・セブンイレブン・フルーツ・アクセサリー・ホテル・アクセサリー・冬瓜茶・Tシャツ・海鮮料理・ホテル・ジュース・民宿・お香・花火・唐揚げ・アクセサリー

店の外観、
ほんっとうに
すばらしい！

NO.12
KENDING YESHI

墾丁は台湾のハワイだ！

台北っコにとって、墾丁は憧れの南国リゾート。そうは言ってもアジアだし、期待せずに訪れた私の目に写った墾丁の街は、まるでハワイでございました。ハナウマ湾のようなビーチに、ダイヤモンドヘッドのような岩山。そしてまるでハワイの島々をドライブしている気分にさせる海岸沿いの風景！　台北は活気あふれる人々の生活臭が魅力ですが、ここ墾丁は南国特有ののんびりムードと開放感いっぱいのにぎやかさがウリ。アジアングルメとハワイの南国ムード、同時に楽しめる贅沢なエリアです。

NO.12
KENDING YESHI

“夜市”もとい、無国籍ナイトマーケット

　臭豆腐や蚵仔煎など台湾ならではの店の間に、ベトナムの生春巻きにタイ風エビ焼き、グリーンカレー、ハンバーガー、原住民料理、フローズンヨーグルト、水着にミサンガにサンドレス……墾丁の夜市はあまりに無国籍で、これを夜市と呼んでいいのか!?

　店の外観や看板も、特にタイ料理屋なんて、うひゃーと叫びたくなるほど派手派手。台湾人アーティストのアクセサリーなども目にできて、ぶらぶら散策するのも楽しいナイトマーケットです。

墾丁夜市

現地調達もよし

- 皮小物
- ヘアアクセサリー
- アイスクリーム
- おもちゃ
- 時計
- アクセサリー
- ビーチサンダル・Tシャツ
- 海草麻糬
- ビーチサンダル・帽子
- フルーツ
- Tシャツ
- ファミリーマート
- 雑貨
- 花火
- イカボール
- 揚げ物
- ポテトフライ
- イタリアンレストラン(AMY'S CUCINA)
- おもちゃ・本
- 貝細工
- 秀風ホテル
- Tシャツ
- 海鮮料理
- サングラス
- フルーツ

まだまだ続くよ！▶▶▶

- アイスクリーム
- 貝・木のクラフト
- 薬局
- 雑貨
- 抹茶アイス
- 雑貨(セクスタシー)
- スープ
- ピザ・パスタ
- 台湾料理
- 担仔麺
- Tシャツ
- サーフショップ
- リゾートファッション
- 雑貨
- ミサンガ
- おもちゃ
- 貝細工
- フルーツ・麺
- ワンピース
- Tシャツ
- リッチホテル
- レストラン
- 服
- アクセサリー
- おもちゃ
- 歯ブラシ

野菜たっぷり、ベトナムの生春巻き★1

ナンプラーの風味がクセになるエビ焼き★2

「海餐廳」のグリーンカレー。ほどよい辛さと甘みが◎★3

生春巻まで
屋台です

ホテル（西方太陽）
サーフショップ
雑貨
ミサンガ
皮小物
アクセサリー
アイスクリーム
ベトナム生春巻★1
貝
ぬいぐるみ
雞滷
ドリンク
滷味
タイ料理レストラン（沙哇帝卡）
アヒル肉
Tシャツ
雑貨
海鮮料理
ビーチサンダル
生ジュース
滷味
生ジュース
台湾料理
リゾートファッション
サングラス
Tシャツ
ビーチサンダル・アロハ
焼肉

セブンイレブン
タイ料理
アクセサリー
アイスティ
ミサンガ
皮小物
Tシャツ
レンタルバイク
Tシャツ
ぬいぐるみ
アメリカンドッグ
滷味
Tシャツ
アクセサリー
コンビニ
アクセサリー
パーカー
かばん
フルーツ
帽子
Tシャツ
雞排
タイ料理
ワトソン
ミサンガ
Tシャツ
タトゥ
小米酒
ミサンガ
フルーツ
タイ料理（寿海）

伝統工芸
だとか

NO.12
KENDING YESHI

日本人の舌に合う原住民BBQ

南・東部を訪れると出合う機会が増える原住民料理、石板烤肉。熱した石板で焼くイノシシ肉のBBQで、塩、胡椒のみのシンプルな味付けだけに肉の旨みそのものを楽しめます。ここ墾丁にも多くの石板烤肉の店が出ており、個人的には濃い味付けが食べたいときは、最も高雄寄り、海側にある店が好み。薄い味付けで肉の旨みをがっつり楽しみたいときは、最もホテル街寄り「石板山猪肉」（★4）へ。ここはいかにも原住民というおじさんが、地元の言葉で口上を叫んでいるのが目印。これに白いごはんがあったら完璧なんだけど。どなたか隣でごはん屋さん開いてください。

墾丁夜市

レンガの建物

塩・胡椒のみの、パンチのきいた味

台北にもあるチェーン店ですが、スタッフの腕は確か。旅の疲れをとるのにおすすめ

- 小籠包
- マッサージ(鄧老師)
- 冬瓜茶
- アクセサリー
- ヤシの実ジュース
- ケンタッキー
- 吻ㄚ魚餅
- 貝
- 塩酥雞
- イカ焼き
- 原住民料理・石板烤肉
- ゲーム
- とうもろこし
- イカ焼き
- 輪投げゲーム
- 雑貨
- タピオカジュース
- チーズパン
- 青蛙下蛋 ★5
- アメリカンドッグ
- アイスティ
- パスタ
- 生ジュース
- 原住民料理・石板烤肉
- 焼肉
- レストラン(ゴールデンビーチ)
- 肉まん
- 緑豆蒜
- アイスクリーム
- 旗魚黒輪

- パパイヤジュース
- Tシャツ
- 葱油餅
- とうもろこし
- 大腸包小腸
- アクセサリー
- 羊肉
- アヒル肉
- パスタ
- ポテトフライ
- 生ジュース
- 揚げ物
- 水着
- ゲーム
- イカ焼き
- 沖縄式おもち
- 水風船ゲーム
- イカ焼き
- バスケット
- ゲーム
- パチンコゲーム
- イカ丸揚げ
- 水風船ゲーム
- スイーツ・タピオカ
- ★2 タイ料理・エビ
- 地瓜球
- イカ焼き
- たこ焼き

沖縄式……!?

「石板山猪肉」、この豪快な焼き方を見よ！★4

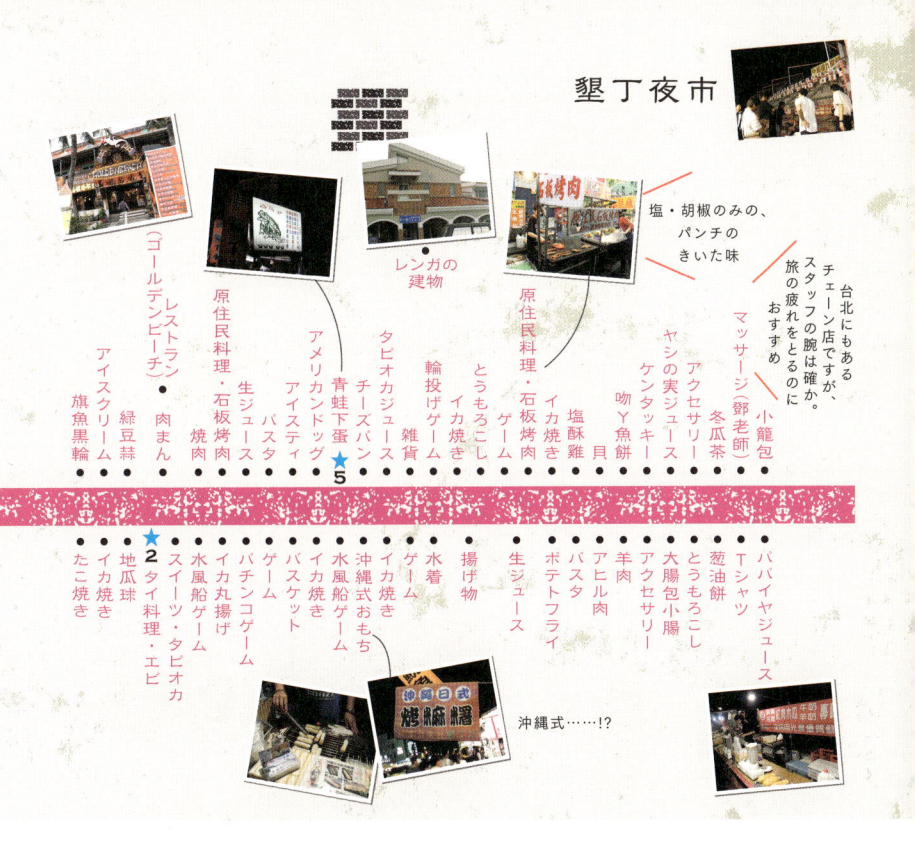

朝ごはんも包みます

　生煎包、小籠包、水餃子……台湾の人は包む料理が大好き。朝ごはんももちろん包みます。代表格は台湾風生春巻き、潤餅。薄い皮の上に炒めキャベツ、モヤシ、ソーセージ、香菜、砕いたピーナツ、肉鬆（肉や魚のでんぶ）等をたっぷりのせて包みます。野菜がシャキシャキで、朝からしっかりビタミンを摂れた気分に。雙連市場、文昌宮前で営業する潤餅屋さんは、カレー味の炒めキャベツがポイント。でもこちら、不定期営業なので注意。朝食時に見かける包みスナックは、どれも野菜を多く包んでいるよう。おいしくて体によければ一石二鳥。うれしい朝ごはんです。

文昌宮前の潤餅おネエさん。
会えたらラッキー！

ネギとニラがたっぷり！永春市場で

文昌宮前のシャキシャキ潤餅

雙連駅の地上で売っている胡椒餅

果物

台湾語ではフルーツはこうなります

すべて漢字表記の台湾を旅していると、へぇ～、これはこういう表現になるんだ、と感心することがしばしばあります。外来語はたいてい音の響きによる当て字が多く、たとえばポカリスエットは「寶礦力水得」で、あー、読めるかも、と妙に納得してしまいます。海外から入ってきたものではなく、もともとあるもの、たとえばフルーツも知るとおもしろいものです。バナナは「香蕉」。これは芭蕉科の植物だからでしょう。グレープフルーツは「葡萄柚」。ブドウとユズってなんとなくわかるような……!?　マンゴーは「芒果」。グアバは「芭樂」。これらは響きから当てられたようです。パパイヤは「木瓜」。木になっている瓜に見えるからでしょうか？　ドラゴンフルーツは「火龍果」。訳そのまんまですね。それならスターフルーツは星果かと思えば、「楊桃」。パッションフルーツは「百香果」。香りが高いから？　パイナップルは「鳳梨」。うーん、これは見た目？　台湾語表記の正体を知る、勉強しながらゲームができます。

4章

東部的夜市

移動遊園地やカラオケまで登場する
台東の夜市は、ある意味必見。
原住民料理が自慢の夜市だけでなく、
原住民ダンスなど、
花蓮ならではの楽しみ方もご紹介します。

東部全景

台東・星期天夜市

花蓮・南濱公園夜市

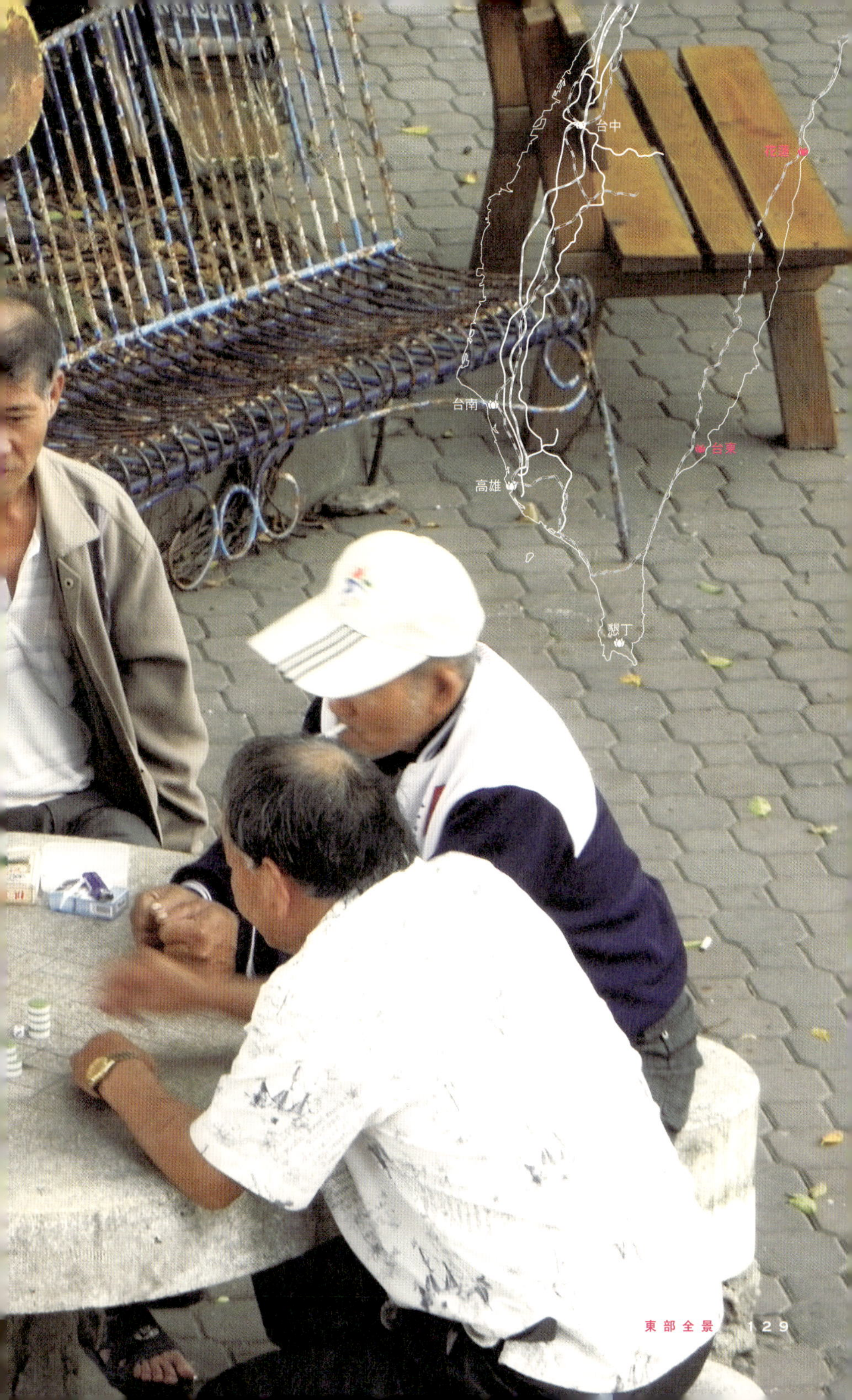
台中
花蓮
台南
台東
高雄
墾丁

MAP

Taitung Xingqitian Yeshi

台東・星期天夜市

アクセス ※ ホテルや夜市のある町の中心は、現在の台東駅ではなく旧台東駅（総站）跡周辺ですが、交通機関は発達していません。駅からはタクシーがおすすめ。見所は旧台東駅（総站）跡から徒歩で約30分圏内。旧台東駅（総站）跡から星期天夜市までは徒歩約15分

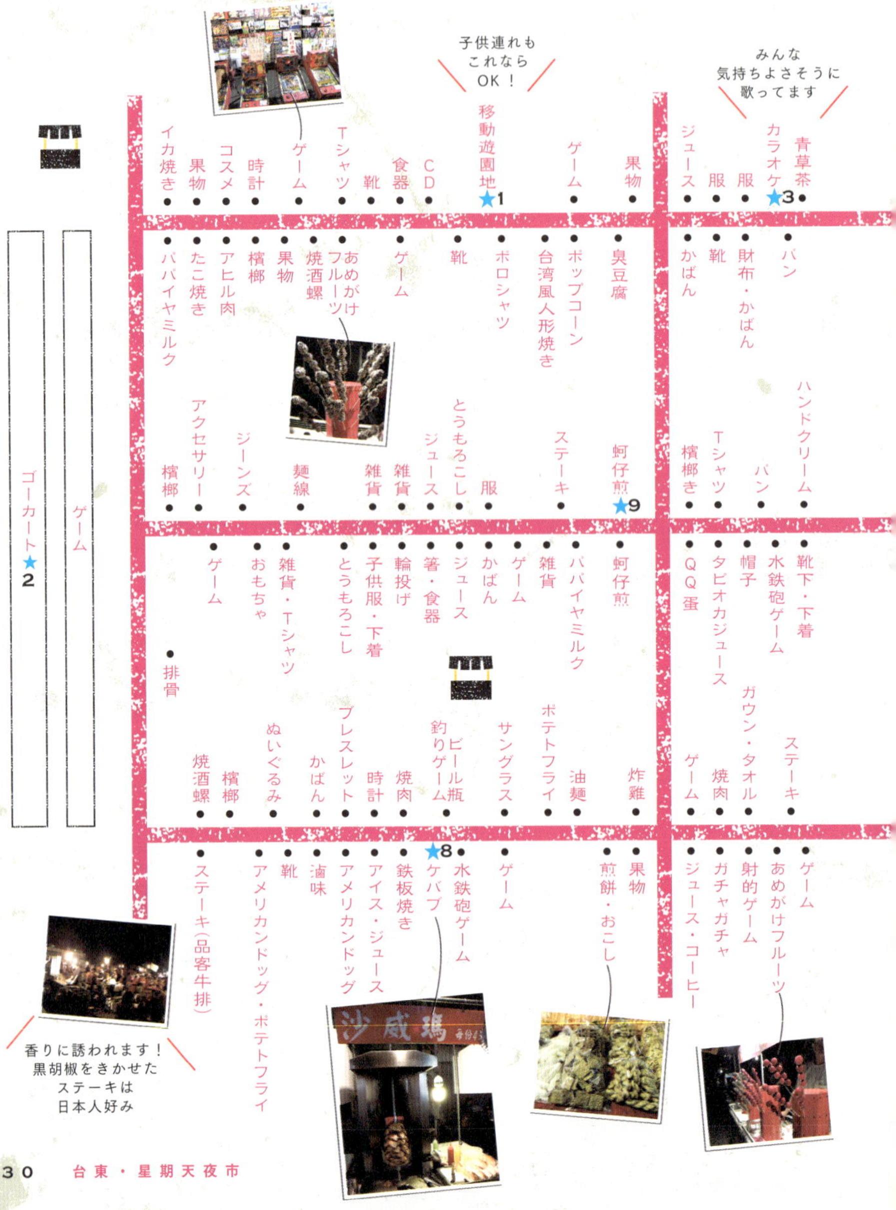

東部最大、かつ原住民族人口比率の高い都市。日曜のみの星期天夜市は、3車線対向の大きな道路を封鎖して開催。移動遊園地やゴーカートなど、何でもあり過ぎで、日本人には目からウロコな体験です。

NO.13
TAITUNG XINGQITIAN YESHI

台東の人々は、
日曜日に夜市ではじける!?

台南の花園夜市の巨大さに驚きましたが、台東の星期天夜市も負けてない。この夜市は三車線対抗の広い道路を17時ごろから封鎖して開催する夜市。何がすごいって、グルメやショッピングだけじゃないのだ。◯ティちゃんの大きな風船があるなぁ、と近づいたら、なんとなんと、メリーゴーランドです。ぐるぐる回るのは空気を入れた……これ、白鳥でしょうか。一度止まるとちびっこたちが先を争って席取りをはじめます。近くではドラ◯もんのイラストがついた大きな滑り台が。これらすべて移動が楽なように空気で膨らませたもの。滑り台なんかふわふわしてそうで、いいなぁ、私も滑りたい。聞いてみたけど、さすがに大人はNGでした。

入り口付近では若者がゴーカートで遊んでいます。本来道路ですからね。そりゃ、道はいいでしょう。耳を澄ませばなにやら歌声が聞こえます。ワゴン車の後ろにモニターを用意した即席カラオケです。ここはおじさん、おばさんの独擅場といった様子。また選ぶ曲にびっくり。テレサ・◯ンや石原◯次郎、美空◯ばりなどなど、日本人に馴染みの深いものばかり。日本人の私が横でじっと見ていたから、サービスか!?　とまで思ってしまいました。

この夜市の名前、「星期天」とは日曜日のこと。そう、日曜のみの開催なんですね。週に一度だからこんなにも盛りだくさんの内容になるのか!?　恐るべし、台東っコ。みんなの楽しそうな顔を見ていると、この日を楽しみにしていたんだろうなぁとしみじみ思います。

巨大な●ティちゃん。日本じゃお目にかかれません★1

ゴーカートの横でポケバイ競争もしてます★2

一緒に歌えそうな選曲なのがすごい★3

大人にも滑らせてほしい！★1

準備中の様子。手際よく店が生まれます

NO.13
TAITUNG XINGQITIAN YESHI

台湾人が愛して止まない タウナギとミルクフィッシュ

南部に行くと急に目にする頻度が高くなるのが、鱔魚（タウナギ）と虱目魚（ミルクフィッシュ）。どちらも南部の名物です。タウナギは妙に弾力のある独特な食感で、生の状態だと赤黒くてグロテスク。あんかけ炒めで出されることが多い魚です。特におすすめの食べ方は、鱔魚意麵というあんかけ焼きそば。太目の麺にあんかけと、この鱔魚の弾力が絶妙にマッチ。

虱目魚は青魚を淡白にしたような味わいで、見た目がこれまたグロい。虱目魚湯を頼むと、ウロコをはがした生々しい半身の姿のままスープに浮いています。はじめて高雄で食べたとき、日本語ぺらぺらのおじいちゃんが、「日本のサバだ」と教えてくれたのですが、サバとはどうも違う。もっと繊細な味。あとで台湾読みはサバヒーと知り、この読み方からおじいちゃんはサバと勘違いしていたと納得しました。虱目魚はぷるぷるのコラーゲンたっぷりで、女性はぜひ食べるべき。

台湾の人たちはこの魚たちが大好き。どちらも鮮度が命の食材で、おいしい店を見つけるのが至難の業です。ラッキーなことに今までハズレに当たってないのですが、それでもおすすめ店は、鱔魚意麵は台東・星期天夜市のいちばん奥、中央のブロックで、若い３人が店を切り盛りしている麺・炒め物屋さん（★**4**）。虱目魚湯は台北・永春市場の虎林街をまっすぐ進んで終点手前の左側にある店。下処理をしっかり施してあり、味は繊細で試してみる価値あり。この２つに詳しくなったら、台湾グルメの上級者です。

台東・星期天夜市のピカイチグルメ鱔魚意麵★4

味わい深い虱目魚のスープ P112 ★4

生のタウナギはこんな感じ P116 ★6

Hualien Nanbin Park Yeshi

花蓮・南濱公園夜市

アクセス ※ ホテルや夜市のある町の中心は、現在の花蓮駅ではなく旧花蓮駅（総站）跡周辺です。花蓮駅発の市内バスはほとんどが旧花蓮駅（総站）を経由するので、バスを利用すると便利。旧花蓮駅（総站）から南濱公園夜市まで徒歩約 15 分

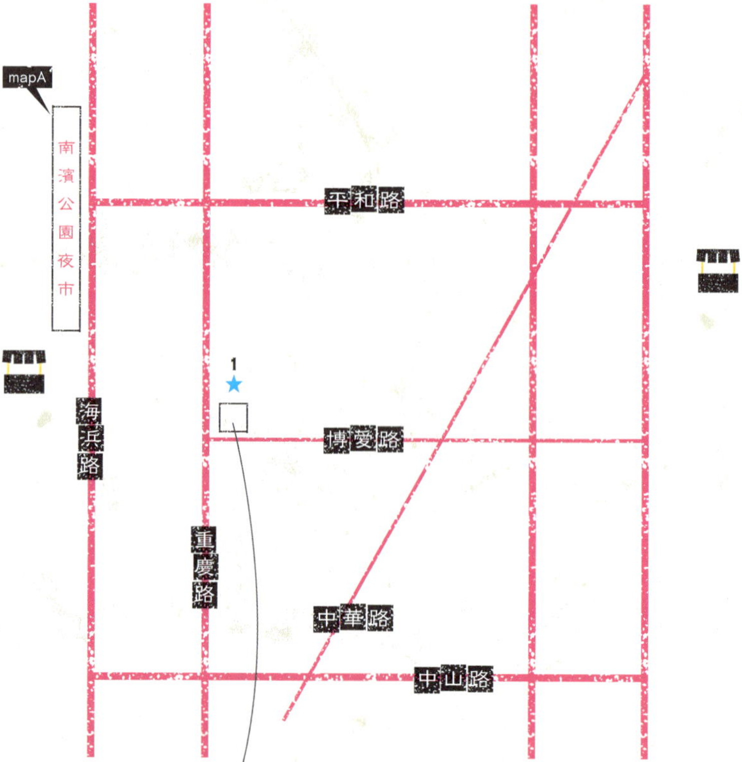

石藝大街

石や玉の工芸品が
集まっているところ。
20:00 過ぎから
アミ族のダンスを
無料で楽しめます

風光明媚な太魯閣の基地となる町。日本統治期の建物や原住民、アミ族の文化施設を楽しめます。ビーチ沿いで開催される南濱公園夜市を訪れたら、ぜひ石藝大街へ。アミ族がダンスを披露してくれます。

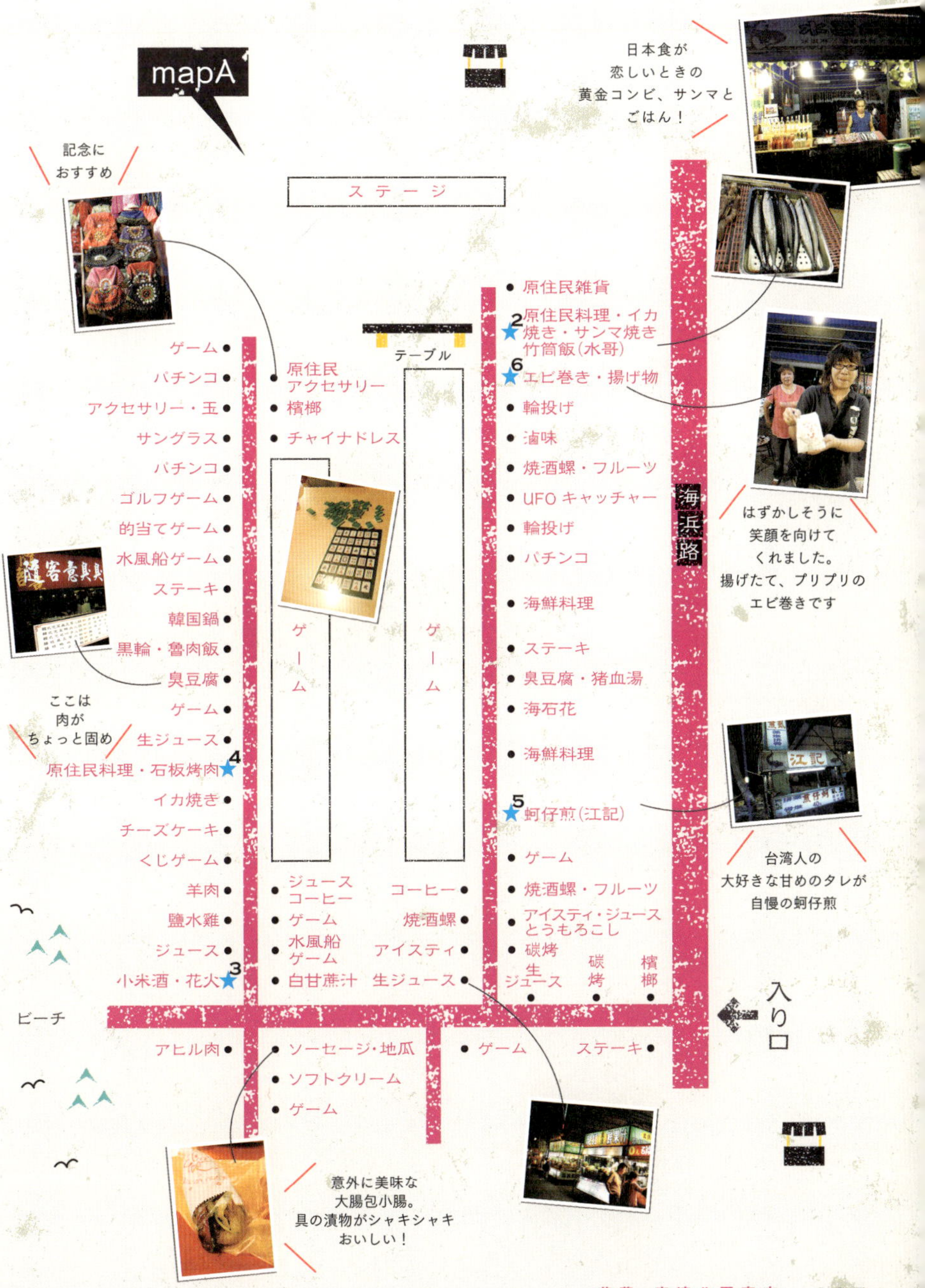

NO.14
HUALIEN NANBIN PARK YESHI

花蓮へ行くなら、
駅弁とアミ族ダンスはハズせません

台東から花蓮へ電車で向かうと、車窓の向こうに青々した、あるいは重そうに頭を垂れる稲穂が揺れる雄大な光景が続きます。そう、電車は台湾有数の米どころ、池上を通るのです。池上といえば池上弁当。今でも駅のホームで販売する、駅弁中の駅弁です。売り子さんを呼び止めて、電車の発車時刻を気にしながらゲット。フタを開けば白いごはんの上に漬物と、しっかり煮込んだ排骨や鶏肉がどっかり鎮座。ごはんにタレがしみしみ染み込んで、白いごはんのうまさが際立つことといったらっ！

さらに花蓮で必見なのがアミ族のダンス。アミ族は台湾原住民14部族の中でもダンスや音楽に長けた部族。石や玉の工芸品を販売する石藝大街では、夜20時ごろから夜空の下アミ族ダンスショーを開催しています。こういう伝統芸能ショーって、嫌々踊っているように見えることが多いのですが、ここのダンサーは本当に楽しそうで見ているこちらもワクワクしてきます。しかも見学料なし。周囲の石屋さんが商売熱心かといえばそうでもない。いいですねぇ、こののんびり感。

花蓮への旅を決めたら西回りで台東から花蓮へ向かいましょう。移動中に池上弁当を食べ、日中は街を散策、日が暮れたら南濱公園夜市でおなかいっぱいにして、夜風に頬をなでられながらアミ族ダンスショーをチェック。ぐっすり眠った翌日、大理石による峡谷を持つ太魯閣を訪れれば、花蓮の黄金フルコースが完成！
おっと、デザートは何にしましょうか？

弾力、甘み、ツヤ、日本人好みのお米です

「弁当」は台湾語では「便當」。これは一般的な駅弁

ちょっと奮発、高級池上弁当、ヤクルト付

原住民は美人が多い。ビビ〇ン・スーはタイヤル族出身★1

イケメンも多い、かな……？★1

NO.14
HUALIEN NANBIN PARK YESHI

サンマ＆竹筒飯＆小米酒＝幸せの原住民定食

花蓮は大好きな街のひとつなのですが、なぜかぐるっと西回りで訪れることが多く、ちょうど日本食が恋しくなる街でもあります。そんなときにおすすめなのが原住民料理。墾丁や台東の夜市でも原住民料理の店はあるけれど、メインはイノシシ肉BBQ。でも原住民が多く暮らす花蓮の南濱公園夜市の店では、なーんとサンマやアユの塩焼きが食べられちゃうのだ。南濱公園夜市のいちばん奥にある原住民料理の店「水哥」（★2）ではイノシシ肉BBQはもちろん、サンマやアユ、イカなど魚介類の塩焼きがいただけます。脂ののった正真正銘のサンマ！　くー、ビール飲みたい。でもここではビールではなく粟で造る原住民のお酒、小米酒を。甘いどぶろくのような味で、口当たりが良すぎるのに度数は12～13度と高いのが難点。そして添えるのは同じく原住民料理の代表、竹筒にもち米を詰めて蒸した竹筒飯。竹の香りがほんのりするもちもちごはんと香ばしいサンマ。これまた合うんですねぇ。サンマ、竹筒飯、小米酒、この組み合わせ、「幸せの原住民定食」です。

この「水哥」には何度か訪れているのですが、毎回同じおじさんが「小姐！（おネエさん）　日本人？」と声をかけてくれます。覚えていないんだろうなぁ。そして身振り手振りで「日本人ならサンマがいいよ」とぶっきらぼうにすすめてくれるのも同じ。旅の醍醐味は多々ありますが、変わらないよさに触れられるよさってありますよね？　味とおじさん、いつまでもそのままでいてほしい私的台湾旅遺産です。

小米酒と花火が一緒に陳列。なぜでしょう？★3

本来竹筒飯は竹を飯ごう代わりにして炊くそう★2

「水哥」のサンマ焼きは胡椒もきいてます★2

原住民料理のシンプルな味付けは日本人好み★4

EPIROGUE

あとがき

　何でこんなに台湾に惹かれるのでしょう？　今回、本書のために写真を整理していて気付いたのは、ノラ犬＆ノラ猫の写真が多いこと。単純に動物が好きなので彼らの姿を見かけるとつい写真を撮ってしまうのですが、今の世の中、なかなかノラ犬＆ノラ猫がごろごろしている発展国って見かけません。台北のど真ん中でも彼らの姿を見かけるのです。彼らがのんびり暮らせるということは、その国の住民の心にゆとりがあるからなのではないでしょうか。夜市でごはんを食べていると、たまにお相伴にあずかりに彼らがやってきます。店の人もいい顔はしませんが、「シッシッ」という態度もとらないんですね。上手に共存しているようです。食べ物のおいしさも台湾が好きな理由のひとつなのですが、ノラ犬＆ノラ猫と共存できる心を持つ台湾人がいちばん好きなのかもしれません。国が発展することで失うものはたくさんあります。いつまでも、ノラ犬＆ノラ猫にやさしい心の豊かな台湾であってほしいと願います。

本書をまとめるにあたり、台湾で出会った多くの方にお世話になりました。基隆名物を教えてくれたレベッカさん、台中でごちそうしてくれた蔡さんとマリさん、逢甲夜市を案内してくれたタクシーの運転手さん、台湾新幹線の中で高雄のグルメを教えてくれたおじいさん、高雄に行くたび歓待してくれる素華さん一家、台東ではホテルのおねえさんがカタコトの日本語で台東名物を教えてくれました。花蓮では日本人経営の民宿にお世話になり、花蓮の歴史を勉強することができました。本当にありがとうございました。また、私の台湾文化の先生、鍾佩伶さん、私の下手な写真をきれいにまとめていただいたデザイナーの中川純さん、内藤華子さん、私の頭の中から一冊の本を作ってくれた編集者、松本貴子さん、みなさんがいなければこの本は生まれませんでした。ここに感謝の意を表します。さぁ、本も完成したことですし、そろそろ台湾夜市グルメがきれかけているので失礼します。今日の夕飯はどこの夜市でいただきましょうか？　あぁ、悩みは尽きません。東京から3時間30分、みなさんも思いついたときが旅時ですよ！

私のとっておき　27
台湾夜市を食べつくす!

2010年11月6日　第1刷発行
2016年3月31日　第2刷発行

※本書の情報は、2010年第1刷発行時のものになります。

著者／山田やすよ（文章、写真）
ブックデザイン／ohmae-d（中川純・内藤華子）
地図作成（p3、13、81、105、129）／畑地宏美・大沼さやか（産業編集センター）

発行／株式会社産業編集センター
〒112-0011　東京都文京区千石4-39-17
TEL 03-5395-6133　FAX 03-5395-5320

印刷・製本／株式会社シナノパブリッシングプレス

 ISBN978-4-86311-048-9　C0026